人人都是项目经理

孫社長の締め切りをすべて守った 最速!「プロマネ」仕事術

[日] 三木雄信 —— 著　朱悦玮 —— 译

北京时代华文书局

图书在版编目（CIP）数据

人人都是项目经理 /（日）三木雄信著；朱悦玮译. — 北京：
北京时代华文书局，2020.9
　　ISBN 978-7-5699-3897-5

　　Ⅰ．①人… Ⅱ．①三… ②朱… Ⅲ．①项目管理
Ⅳ．①F224.5

中国版本图书馆CIP数据核字（2020）第175281号
北京市版权局著作权合同登记号　图字：01-2020-1207

SAISOKU！"PUROMANE" SHIGOTOJUTSU
Copyright © 2018 by Takenobu MIKI
All rights reserved.
First original Japanese edition published by PHP Institute, Inc., Japan.
Chinese translation rights arranged with PHP Institute, Inc., Japan.
through CREEK & RIVER CO.,LTD. and CREEK & RIVER SHANGHAI CO.,Ltd.

人 人 都 是 项 目 经 理
RENREN DOUSHI XIANGMU JINGLI

著　　者｜[日]三木雄信
译　　者｜朱悦玮

出 版 人｜陈　涛
选题策划｜张超峰
责任编辑｜张超峰
编辑协助｜[日]塚田有香
图版制作｜[日]樱井胜志
责任校对｜陈冬梅
装帧设计｜颜森设计　孙丽莉
责任印制｜訾　敬

出版发行｜北京时代华文书局　http://www.bjsdsj.com.cn
　　　　　北京市东区安定门外大街138号皇城国际大厦A座8楼
　　　　　邮编：100011　电话：010-64267955　64267677
印　　刷｜三河市兴博印务有限公司　电话：0316-5166530
　　　　　（如发现印装质量问题，请与印刷厂联系调换）

开　　本｜787mm×1092mm　1/32　印　张｜7.5　字　数｜160千字
版　　次｜2020年12月第1版　　　　印　次｜2020年12月第1次印刷
书　　号｜ISBN 978-7-5699-3897-5
定　　价｜48.00元

版权所有，侵权必究

前 言

通过完成孙社长下达的"不可能完成的任务"而掌握的"项目管理工作术"

"10月12日纳斯达克日本将召开成立大会。邀请2000名创业企业家到场,请电视台进行大规模的报道!"

"我们要进军ADSL事业。宣布从6月19日开始接受全国(日本)预定,一口气获得100万名用户!"

如果上司突然下达了这样的指示,应该怎么做?

如果这位上司是软银集团的孙正义社长,又该怎么办?

对我来说,这样的事情没有"如果"。

因为我在25岁跳槽到软银之后,立刻就跟着孙社长参与了许多项目。

软银以擅长宣传著称。每当开始新事业或者进行收购与合作的时候,都会通过媒体进行大规模报道,以吸引世人的关注。

毫无疑问，这种方法对于迅速提高新商品和服务的认知度非常有效。

但对参与其中的人来说，就非常痛苦了。

因为孙社长对效率的要求近乎苛刻。

他每次给出的期限都让人感觉"根本来不及"。

可是既然已经公布出去，无论如何都必须在截止日期之前准备完毕。

而担当这些"不可能完成任务"的项目经理，就是身为社长室室长的我。

社长室室长听起来好像是个挺不得了的职位，但实际上就是"将孙社长提出的所有要求都迅速处理好的管家"。而且当时的软银并不是像现在这样庞大的企业，人员和预算等经营资源都非常有限。

所以我虽然被任命为项目经理，但整个项目团队其实只有我一个正式成员，所有的工作都需要委托其他有本职工作的员工在闲暇时间协助我完成。

不仅如此，我还没有任何官方的权限。

项目组临时成员的人事权都在他们自己所属部门的上司手里。我不能随心所欲地使唤他们。

可想而知，我刚开始担任项目经理时遭遇了接二连三的失败。每天我都备感压力和不安，夜不能寐。

即便如此，我仍然以项目经理的身份完成了"开设纳斯达克日本市场""收购日本债券信用银行（现在的青空银行）""成立 ADSL 事业'Yahoo！ BB'"等"不可能完成的任务"。

通过这些经验，我总结出了一套最快实现目标的"项目管理工作术"。

本书，就将为大家介绍这套工作术。

普通员工也需要掌握"项目管理能力"

"那这本书跟我就没什么关系了。就算我可能被招进项目组，也不可能成为项目经理。"

有这种想法的朋友请别急着合上本书。

因为我要介绍的"项目管理工作术"，并不是只有在参与什么特别项目的时候才能派上用场的技能，而是在日常工作中也必不可少的技能。

现在几乎所有的工作都已经项目化。

不管是制作资料、营业活动，还是更新网站，都已经成为"项目性的工作"。

就算没有被称为"××项目"，实际上也是以项目的形式在运作。

或许有人认为"项目"是只有系统开发部门和建筑业等特定的行业才使用的术语，但实际上并非如此。

只要组建团队，设定目标，并且具备"品质＝取得怎样的成果""期限＝多长的工作时间""成本＝投入多少资金和人员"这三个要素，那么不管任何种类的工作都可以成为"项目"。

为了能够在规定的时间内取得理想的成果，并且尽量节省成本，就都需要"项目管理"。

■ 所有人都需要进行"项目管理"的时代

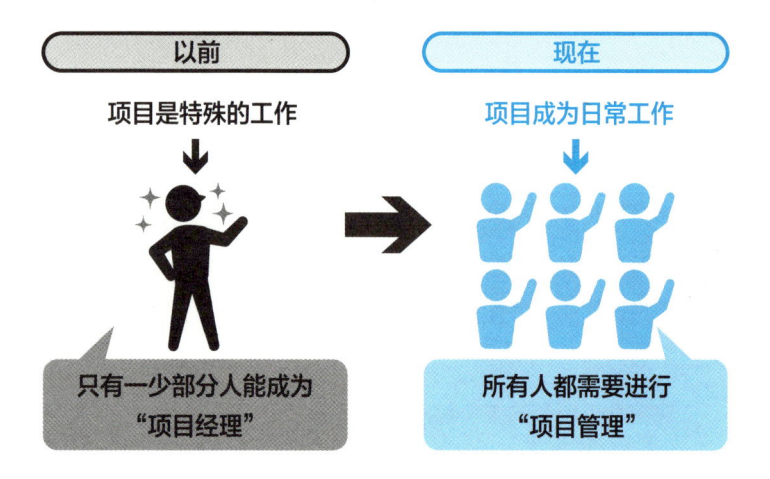

以前
项目是特殊的工作
↓
只有一少部分人能成为"项目经理"

→

现在
项目成为日常工作
↓
所有人都需要进行"项目管理"

团队的领导者和从事管理岗位的人，可能觉得这些就是自己日常的工作。

而即便是普通员工，在日常的工作中也少不了这些内容。

以前初入职场的年轻人大多只是给上司和前辈打打下手。但现在很多企业都面临着人手不足的问题，所以即便是初入职的新人也必须具备独当一面的战斗力。

现在很多年轻人刚一入职就被委以重任。比如，协调客户与自己企业相关部门之间的关系、在紧迫的时间内推动项目进展等。

没有项目管理的能力，不管是工作还是生活都难以顺利

前不久，我一位大学时的后辈来找我商谈。他现在在某大型IT企业的子公司里负责制作工序说明书和预算书。

他才工作没几年，从事的却完全是项目经理的工作。

由于业务量过于庞大，而且他对时间管理也没什么经验，所以每天他都要加班到深夜。即便如此，他仍然无法在规定时间内完成工作，导致上司和客户都很不满意。

因为时间紧迫，他甚至周六、周日也在家工作，根本没时间休息，更别说与家人和朋友相聚了。

就算难得休息一天，也因为想着下周的工作，精神上一点也放松不下来。

结果不仅工作上磕磕绊绊，就连私人生活也变得越来越不顺利。

受影响的不只有自己。

如果自己工作进度缓慢，和自己一起工作的同事、客户都会受影响。总是连累同事加班，就会失去他人的信任，导致没有人

■ "项目管理"能力的重要性

没有"项目管理"能力
- ✕ 连续加班导致身心俱疲
- ✕ 给同事和家人造成困扰
- ✕ 工作和生活都不顺利

拥有"项目管理"能力
- ○ 不加班，有充足的私人时间
- ○ 即便在 AI 时代，工作也没有困扰
- ○ 想做的事情都能实现

愿意帮助你，使自己更加走投无路。

这位后辈现在就处于这样的糟糕境地，精神也濒临崩溃。

虽然他可以选择停职一段时间，让自己的身心得以恢复，但毫无疑问这样做对他的人生和职业发展都会造成非常负面的影响。

这位后辈的情况并非个例，而且每个身处这种状况的人都希望能够从中解脱。

所以，不管是职场新人还是商务精英，每个人都应该具备项目管理的能力。

提高"团队工作"效率的方法

虽然书店里有很多关于提高个人工作效率的书籍，但就我所知，关于如何提高"团队工作"效率的项目管理类书籍却几乎没有。因此，本书从项目管理的基础到现场实践的方法都做了通俗易懂的解说。

本书具有极强的实用性，只要按照本书介绍的方法，所有人都能够将其落实到具体的行动上。

在第一章，我对"项目管理工作术"为什么是所有商务人士都必须掌握的技能进行了说明。只要读完这一章，大家就会明白在今后的 AI 时代，项目管理技能的必要性。

在第二章，我针对项目"立项"阶段需要完成的工作做了说明。为了避免在后续流程中出现返工等不利情况，这个阶段非常重要。

在第三章，我针对项目"计划"阶段需要注意的事项做了说明。为了最高效地取得成果，在这一阶段对作业和时间进行安排非常重要。

在第四章，我将分享使项目"执行"顺利进行的方法。只要把握进程管理的技巧并充分发挥会议的作用，就能在规定的时间内完成工作。

在第五章，我将针对项目管理现场经常出现的问题进行解答。不管遇到什么问题，都一定有解决的办法，请大家放心。

在第六章，我将对"项目管理工作术"进行总结，同时为大家介绍孙社长项目管理的成功案例。

项目管理人才稀缺，正是提高自身价值的好时机

在当今的日本，掌握"项目管理工作术"的人非常少。

但这也正是一个提高自身价值的好时机。

如果能够尽快掌握这项技术，必将成为今后各大企业争相追求的人才。

事实上，当我离开软银独自创业之后，就连续接到"请帮助我们进行项目管理""请将项目管理的经验传授给我们的员工"等委托。

当时软银远没有现在这么大的影响力，但我仍然能够接到这么多的委托，足以证明当时日本社会非常缺乏拥有项目管理技能和经验的人才。

而这一情况直到如今也没有改变。

今后许多工作都将被 AI 所取代，但项目管理是只有人类才能胜任的工作。为了在今后的 AI 时代生存下去，项目管理的能力和经验将成为你强有力的武器。

此外，如果你有想要实现的理想和目标，仅凭一己之力恐怕也很难办到。

但只要你掌握了项目管理的能力，就可以得到他人的帮助，顺利地实现理想和目标。

与独自一个人艰苦奋斗相比，组建团队并充分发挥每一名成员的个性和优势，更容易达成目标。

以我自己为例，我在 2015 年从零开始成立了"一年时间掌握英语会话能力"的英语学习支援事业 TORAIZ，只过了短短 3 年的时间，TORAIZ 就在东京、神奈川、大阪等 9 个地区开设了学习中心，学生数量增加到 1500 人。

通过"项目管理工作术"将加班时间减少到零

虽然掌握项目管理能力的人非常少，但这并非因为项目管理是难以掌握的特殊能力，只是因为一直以来没有系统地学习相关经验的机会。事实上，项目管理是任何人只要认真学习后都能掌握的能力。

本书的内容在我自己的公司中实践之后就取得了非常明显的成果，全公司的加班时间几乎被消灭为零（准确地说是每个月平均 4 小时）。

前文中提到的那位来找我商谈的后辈，在得到我传授的经验后，也立刻从加班"地狱"中解脱了出来，而且迅速在公司中出人头地。

因为休息日不用加班，他终于可以培养自己的兴趣爱好，也可以与朋友一起度过悠闲时光，生活变得非常充实。

现在的他和来找我商谈的时候简直判若两人，脸上充满了幸福的表情。

只要掌握"项目管理工作术"，不但能让工作变得更加顺利，生活会更加充实，人也会变得更加幸福。

希望本书能够帮助更多的人掌握"项目管理工作术"，让自己和亲人都拥有幸福的人生。

目 录
CONTENTS

第 1 章 "项目管理工作术"是所有商务人士的必备技能

"项目化的工作"在日常业务中越来越多 …………………… 003
导致"项目化的工作"增加的四个关键词 …………………… 005
即便 AI 和 RPA 普及,"项目化的工作"也不会减少 ………… 008
项目经理就是"横向交流"的协调者 ………………………… 011
如何掌握项目管理的工作方法? ……………………………… 015
日本职场频繁出现的"死亡冲锋"现象 ……………………… 017
"擅长项目管理的人才"在任何行业都很抢手 ……………… 021
"优秀的项目经理"不会浪费成员的时间 …………………… 024
能够将"工作方法改革"导向正确方向的只有项目经理 …… 028

第 2 章 团队工作的效率取决于"立项"阶段的完成度

"通常业务"与"项目"的区别 ……………………………… 035
立项① 决定项目经理的人选 ………………………………… 038

立项②	明确项目负责人 ········· 042
立项③	以最快的速度掌握必要的知识 ········· 048
立项④	全面把握项目的利益相关者 ········· 054
立项⑤	制作"项目章程" ········· 057
立项⑥	将项目章程拿给项目负责人审阅并获得认可 ········· 060
立项⑦	召集所有的利益相关者参与启动会议 ········· 064

第3章 "计划"出最快抵达目标的路线

计划①	将工作全部整理出来,制作 WBS ········· 069
计划②	用"名词"明确定义各个工作任务的成果 ········· 075
计划③	决定各项工作任务的负责人(姓名),与负责人一起制定计划时间表 ········· 077
计划④	把握工作任务之间的依赖关系,消除多余的依赖关系 ········· 079
计划⑤	制定项目的整体时间表(项目管理表) ········· 086
计划⑥	与成员共同决定各项工作的"截止时间" ········· 091
计划⑦	设定每周一的例会 ········· 094

第4章 保证项目按期完成的"执行"方法

执行①	每周一召开由全体利益相关者参与的"例会" ········· 099
执行②	确认项目管理表与各成员取得的成果之间的差异 ········· 102
执行③	出现"延迟"问题的时候,要采取应对措施 ········· 104

执行④	确认下一周的各项工作任务 ········· 109
执行⑤	应对项目经理权限内无法解决的问题（"能够立即展开行动的会议"的5个技巧） ········· 110
执行⑥	充分利用各种各样的工具让项目顺利进行 ········· 117
执行⑦	将成果交给负责人，对项目进行评价 ········· 122

第5章 解决"意料之外问题"的实战经验

- Q1 不管怎么提防，都无法避免"权威之声"，这个时候应该怎么办呢？ ········· 127
- Q2 在人手明显不足的情况下，负责人却说"到处都人手不足，你们自己想想办法"，这个时候还应该坚持要求增派人手吗？ ········· 130
- Q3 向身为项目负责人的社长提交了项目章程，但最初分配的预算和人手都不够，项目经理的提议又被驳回，应该怎么办？ ··· 132
- Q4 上司让自己去做明显不会成功的项目，应该怎么办？ ··· 134
- Q5 项目负责人的背后还有"垂帘听政"的上司，无法与真正的负责人进行直接交流的情况下，应该怎么办？ ········· 136
- Q6 存在多个项目负责人的情况下，应该如何应对？ ········· 137
- Q7 选择项目成员有哪些注意事项？ ········· 138
- Q8 成员分属于不同的部门或在企业外部，导致交流不畅时，应该怎么办？ ········· 142
- Q9 年纪轻轻就成为项目经理，但项目组里有年纪比自己大的成员，有什么需要注意的地方吗？ ········· 144

- **Q10** 虽然"项目经理的工作就是给他人分配工作任务",但有的人本职工作就非常繁忙,给这样的人安排预定之外的工作时,怎样让对方不太反感呢? ………………………… 145
- **Q11** 社长安排了"不可能完成"的任务,自己被任命为项目经理,但相关部门都表现得非常消极。如果说"这是社长安排的任务,请提供帮助",反而会让对方更加反感,怎样才能让对方提供帮助呢? ………………………………………………………… 150
- **Q12** 有的成员因为能力不足或者缺乏工作积极性,无法按照例会上的安排完成任务,这时应该怎么办呢? ……………… 151
- **Q13** 有成员提出:"你对进程管理得太严格了,影响我的工作积极性。"但如果不这样严格监管的话恐怕会出现问题,这个时候应该怎么办呢? ………………………………………… 153
- **Q14** 成员的工作积极性下降,项目经理应该怎么办? ……… 154
- **Q15** 要想尽早把握成员的状态,应该怎么做? ……………… 156
- **Q16** 项目组的成员之间发生了争执,项目经理被夹在中间,不管帮哪一边都会被另一边记恨,应该怎么办? ……………… 157
- **Q17** 项目期限突然缩短时,首先应该怎么办? ……………… 159
- **Q18** 在项目启动之后才发现立项阶段建立的假设是错误的,必须调整项目的方向,但这样一来就会出现返工的情况,给成员增添负担。你有过这样的经历吗? ………………………… 161
- **Q19** 项目负责人突然更换、项目的关键成员突然离去,这些突发状况应该如何应对? ……………………………………… 162
- **Q20** 身为部门负责人,要派遣部下参与项目时,需要注意什么? 164
- **Q21** 我现在完全没有担任项目经理的机会,应该如何锻炼项目管理的能力呢? ……………………………………………… 166

第6章 孙社长"成立新事业项目"的方法

软银与许多日本企业之间决定性的差异 …………………… 171

绝对要避免"满盘皆输的风险" ……………………………… 174

开始的时候避免出现固定成本——先从做门客开始 ……… 182

维持"竞争状态",使成本最小化 …………………………… 184

不要自己积攒事业资金,让他人出资 ………………………… 187

不必从零开始自己思考事业创意 ……………………………… 191

坚持搭乘"上行的扶梯" ……………………………………… 193

不管谁胜谁负,都要保证自己赚钱 …………………………… 195

首先要考虑"痛觉等级" ……………………………………… 201

从获得第一个顾客开始 ………………………………………… 202

以被大企业采用为前提的B2B商业活动要尤其注意 ……… 204

很多商业计划都没考虑"获客成本" ………………………… 207

不要做"一锤子买卖" ………………………………………… 210

"海纳百川"的状态最为理想 ………………………………… 212

结语:为了让日本成为"项目大国" ………………………… 214

第 1 章

『项目管理工作术』是所有商务人士的必备技能

消灭日本职场的"死亡冲锋"

我在软银工作的时候，软银所有的工作都是以项目的形式进行的。

从今往后，或许企业中绝大多数的工作都将"项目化"。

正如我在"前言"中介绍过的那样，今后所有的商务人士都需要掌握项目管理的能力。

因为商业活动的环境发生了巨大的变化。

在第一章中，我将为大家解说所有工作都项目化的时代背景。

读完本章，相信大家就能够理解为什么说"项目管理工作术"是所有商务人士都必须掌握的技能了。

尽管现在日本企业的现场出现的问题绝大多数都是由于"项目化的工作"增加所导致的，但掌握项目管理能力的人却非常少。

结果在许多职场中都出现了连续加班的"死亡冲锋"。

为了消灭这种非常没有效率的工作方式，我们需要掌握"项目管理工作术"。

本章我将为大家介绍项目管理在现代商业活动之中的重要性。

"项目化的工作"在日常业务中越来越多

首先,请回顾一下自己今天一天或者过去一周做过的工作。

其中有多少"项目化的工作"呢?

或许有人会说:"现在我没参与任何项目。"

但请不要误会。

我所说的并不是"项目",而是"项目化的工作"。

本书所说的"项目化的工作",定义如下:

①拥有明确的完成期限;

②需要与其他部门的人或者外部企业和个人共同合作;

③为了达成目标,必须从事之前从未做过的工作。

这样的工作,在你的日常业务中很常见吧?

为了更便于大家理解,我再对"非项目化的工作"的定义进行一下说明:

①没有明确的完成期限,以可持续和再生产为前提;

②仅凭个人或者本部门就能够完成;

③曾经重复过许多次,对工作的方法和顺序都非常清楚。

在不远的将来，白领的例行工作就将消失

通过上述定义不难看出，在我们日常的工作中，大多是"项目化的工作"，而"非项目化的工作"反而比较少。

之前，这种"非项目化的工作"都被称为"例行工作"，占日本白领业务量的一半以上。

但在当今的职场之中，例行工作的数量急剧减少，"项目化的工作"所占的比率则直线上升。

我大胆地预测，在不远的将来，白领的例行工作就将消失。

也可以说，"日常业务"的内容如今已经发生了巨大的变化。

导致"项目化的工作"增加的四个关键词

为什么"项目化的工作"越来越多呢?

最大的原因是商业环境的变化。而商业环境的变化离不开四个关键词,分别是"数字化""全球化""定制化"和"高速化"。

关于"数字化",相信不用我做太多的说明了吧。

如今要想找到一个和IT没有任何关系的商业活动可以说非常困难,即便乍看起来与IT无缘的作业,也一定与数字化有所关联。

比如"改变申请书的格式"这项作业,不仅要改变纸面上申请书的格式,还要同时对处理申请书数据的系统进行调整。

这就需要和企业内部的信息系统部门,或者负责对数据进行处理的外部IT企业和IT专家们一起展开合作。

不管做任何工作,都离不开IT。这就是当今时代的日常业务。

"全球化"也一样。

在国内市场少子高龄化日益严重的情况下,日本的企业不论大小,甚至连刚创业不久的企业都积极地向海外扩展。

这样一来,与当地合作企业或者对海外的商业情况比较熟悉的管理顾问共同开展工作的机会自然就会增加。

此外,随着数字化和全球化的发展,还必须与法务部门和税务的专业人士紧密合作。因为IT涉及个人信息保护和信息公开的问题，而海外扩展则涉及签订合同和应对各国税制的问题，所以专家的协助是必不可少的。

"定制化"也是未来的发展趋势。

请大家想象一下营业的工作。以前的营业人员，只要将现成的产品和服务直接卖出去就可以了。现在这种死板的营业方式已经无法满足消费者的需求。

现在的营业人员必须了解顾客的需求，解决顾客的问题。因此，营业人员必须将自己的产品和服务组合起来产生更多的附加价值，并且提出适合消费者的定制化方案，这样才能在竞争中取得胜利。

但要想实现定制化，必须寻求其他部门的协助。为了在有限的预算内满足顾客要求的交货期限和品质，必须与各个相关部门进行协调。

这与推动一个项目取得成功是完全相同的。

"高速化"是当今日本企业面临的重大课题。

日本企业的研发速度与海外的企业相比要慢得多，这是无可争议的事实。

花费大量的时间制订计划，又花费大量的时间收集数据进行分析，还要不断地向经营层进行汇报等待对方做出指示。好不容易得到经营层的同意可以开始行动了，又不断地对产品和服务进行改善，不做到百分之百的完美就不肯上市。这就是日本企业的普遍做法。

但在市场环境瞬息万变的当今时代，根本没有时间让日本企业如此优哉游哉地进行研发，说不定哪一天突然出现一个海外企业，转眼间就垄断了日本市场。

海外市场的竞争之激烈，更是远超日本人的想象。

比如在日本，使用无人机开展的事业还被看作是全新的商业模式而备受瞩目。但放眼国际市场，民用无人机市场的 70% 都已经被中国一家叫作大疆的企业占领了。

现在大家知道日本企业的发展有多慢了吗？

当然，日本企业也已经认识到了这个问题，正在拼命地想办法追赶。

结果就是企业不仅在内部成立新的部门、开展新的事业，还从各个部门抽调拥有必要能力的人才，与外部的企业和专业人士进行合作，集中资源开展商业活动。

综上所述，"数字化""全球化""定制化"和"高速化"都是促进日常业务项目化的主要原因。

即便 AI 和 RPA 普及，"项目化的工作"也不会减少

除此之外，还有一个使"项目化的工作"在今后越来越多的原因。

那就是 AI 和 RPA。

AI 是 Artificial Intelligence 的缩写，就是人工智能。RPA 是 Robotic Process Automation 的缩写，简单说就是"白领例行工作自动化技术"。

很多企业为了提高业务效率和解决人员不足等问题都导入了这两项技术，尤其是 RPA 因为导入成本比 AI 更低，所以迅速地得到了普及。

RPA 能够根据人类设定的规则进行作业。比如我们坐公交车的时候只需要将公交卡靠近读卡器就会自动扣除费用，不需要人工输入数据和进行处理。这就是 RPA 的作用。

虽然现在白领的例行工作中还有许多必须人工输入和处理的事务作业，但今后这些都可以由 RPA 来完成。

这种变化其实已经开始了，所以我才说"白领的例行工作即将消失"。

2018 年，许多大型银行都相继宣布了大规模的裁员计划，

■ "项目化的工作"增加的背景

● 什么是"项目化的工作"?

- 有期限（⟵⟶有持续性）
- 有多个部门参与（⟵⟶负责部门独立完成）
- 创造独特的产品与服务（⟵⟶重复生产同样的产品与服务）

● 增加的原因＝商业环境的变化

1. 数字化
2. 全球化
3. 定制化
4. 高速化

→ 年轻员工、营业人员也要发挥"项目管理"能力的时代

● 随着 AI 和 RPA 的普及，今后"项目化的工作"还会继续增加

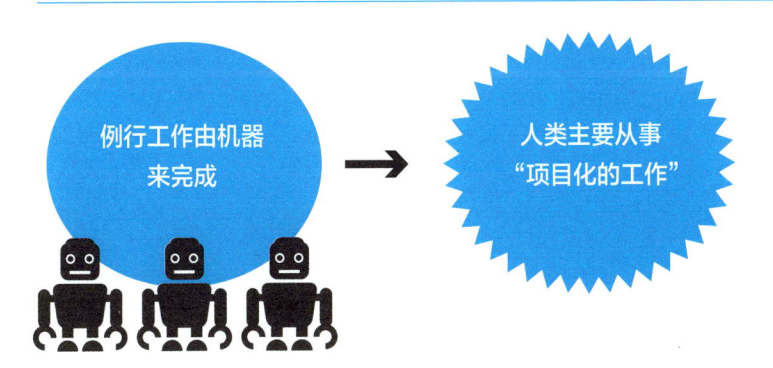

例行工作由机器来完成 → 人类主要从事"项目化的工作"

引发了社会的普遍关注。实际上这就是例行工作正在迅速减少的证据之一。

以前需要在银行窗口人工办理的业务绝大多数都由机器来完成。所以窗口需要的人工就越来越少。加之零利息等影响使银行的经营环境也变得愈发严峻，银行也需要通过大刀阔斧的改革让自己在竞争中生存下来。

那么，随着 AI 和 RPA 的普及，人类还需要做哪些工作呢？

答案就是"项目化的工作"。

既然"重复的例行工作"都由机器来完成了，那么剩下的就只有"需要多数人合作完成的非例行工作"。也就是说，"项目化的工作"才是"AI 时代的工作"。

这也意味着，不能从事"项目化的工作"的人，将面临被机器夺走饭碗的危机。

项目经理就是"横向交流"的协调者

那么,要想在这样的未来中生存下去,应该怎么做呢?

答案只有一个,那就是所有的商务人士都必须掌握"项目管理"的能力。

不管你从事的是什么职业,都要像项目经理一样去面对自己的工作。

即便是像营业这种独立性很强的业务,或者例行工作占大多数的后台业务,都必须将日常业务当作项目来进行管理。这就是今后的时代必不可少的技能。

不过,之前没怎么参与过项目型工作的人,可能对"项目管理"的概念比较陌生。

项目管理用一句话来简单概括的话,就是"促进交流"。这里所说的交流,主要是"横向交流"。

一直以来,日本的组织都以"纵向交流"为主。很多工作都是由单一部门独立完成,而且在金字塔形的组织之中,几乎所有的决策都是通过上传下达的方式来完成的。

但在"项目化的工作"越来越多的当今时代,企业需要的是能够与其他部门或者企业外部的人展开合作,进行"横向交流"的人才。

■ "项目经理"的职责与难处

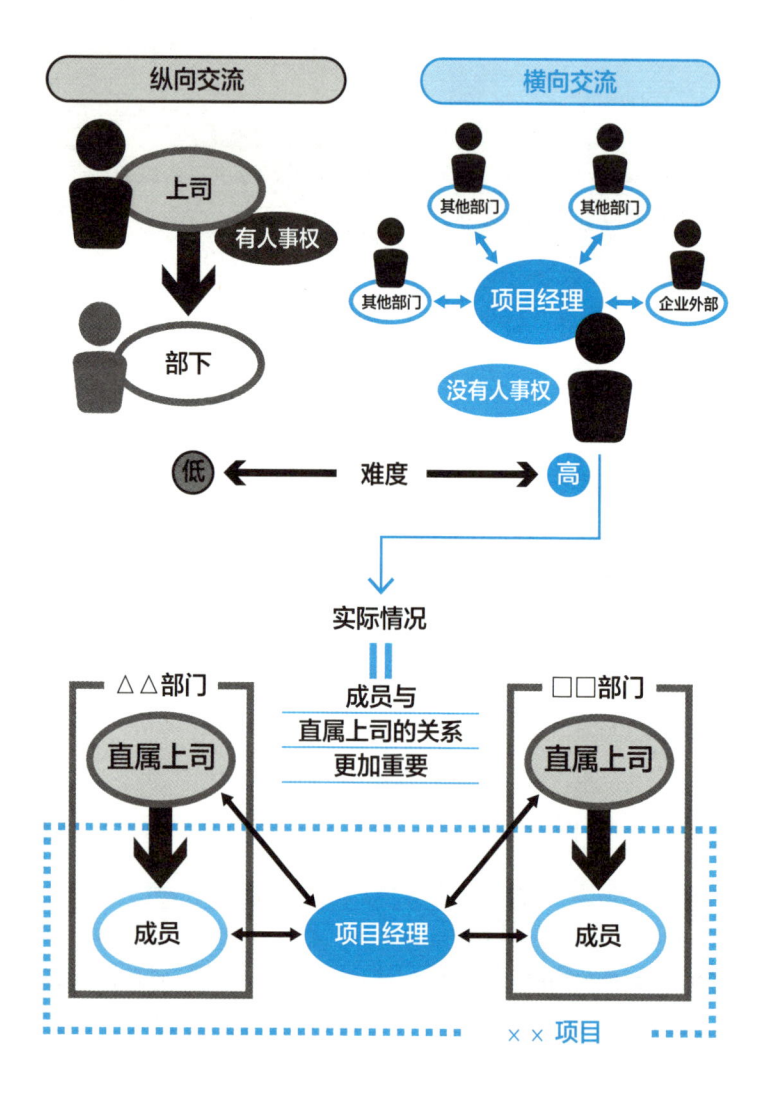

纵向交流

上司（有人事权）→ 部下

横向交流

其他部门 ↔ 项目经理（没有人事权）↔ 其他部门
其他部门 ↔ 项目经理 ↔ 企业外部

难度：低 ←——→ 高

实际情况
＝
成员与直属上司的关系更加重要

△△部门：直属上司 → 成员
□□部门：直属上司 → 成员
成员 ↔ 项目经理 ↔ 成员

××项目

然而与传统的"纵向交流"相比,"横向交流"的难度更高。因为项目经理没有人事权。不管是给项目组成员安排工作任务还是做出评价,都由该成员本来所属部门的上司进行。所以很多成员宁愿得罪项目经理也不愿得罪顶头上司。

就连自己企业里的同事都难免有这样的想法,如果合作方是企业外部的人,出现不愿配合的情况就更司空见惯了。

在纵向的上下级关系之中,拥有人事权的上司处于绝对优势的地位,即便没什么管理能力的人也能够让部下遵从自己的指示。

但项目经理因为没有人事权,所以通过"横向交流"来获取他人的协助以及对团队进行管理都非常困难。

没有人会因为"这是孙社长的项目"而主动合作

我在软银工作的时候,就深刻地认识到了这一点。

虽然我大多是以社长室室长的身份出任项目经理,但对项目组成员没有任何的人事权。"社长室室长"的职位听起来好像很了不起,实际上我对企业内的各个部门没有任何权限。

如果我打着孙社长的旗号,宣称"这是社长非常重视的项目,你们都要听我的",很可能会引起周围人的反感,导致没有人愿意与我合作。

就算企业内的人迫于无奈服从了我的安排,但需要与企业外部的人展开合作的时候,孙社长的名号就没有任何的强制力了。

别说当时的软银还是一家名不见经传的小企业，即便是名震天下的经营者，对其他企业的人来说也只不过是个"外人"罢了。对方重视的还是自己企业经营者的意见。

此外，"横向交流"还存在着"语言和文化差异"的问题。

"同一句话在不同的组织中具有不同的含义"，这种情况其实很常见。同一个部门中上司和部下之间毫无障碍的交流，在外人听来却难以理解，就是因为存在"语言和文化差异"。

拥有同样价值观的人能够接受的事情，对于拥有不同价值观的人来说可能无法接受，常常会因此导致无谓的对立。从这一点上来说，"横向交流"比"纵向交流"要困难得多。

如何掌握项目管理的工作方法？

因为没有必要的权限，就必须拥有优秀的交流能力。

项目经理必须在如此严峻的状况下，凭借有限的预算和人员，在期限之内取得符合预期的成果。

听起来似乎是不可能完成的任务，但完成任务的方法是确实存在的。这也正是本书想要传达给大家的内容。

不过现在日本绝大多数的企业都没有教给员工"项目管理"的方法。不管是新人培训还是管理岗位研修，以项目管理为主题进行员工教育的企业可以说是少之又少。

或许有人会反驳我说："并非如此，日本企业为了培养项目管理人才也已经开始学习 PMBOK 了啊。"

PMBOK 是 Project Management Body Of Knowledge 的缩写，意思是项目管理知识体系。

PMBOK 最早由美国项目管理协会提出，如今已经成为项目管理的国际标准。国际上还有基于 PMBOK 基准的项目管理专业人士资格认证，日本取得这一认证的人也在逐渐增加。

我本人就学习了 PMBOK，在从事项目经理工作时发挥了巨大的作用。对于立志成为项目管理专业人士的人来说，这确实是非常重要的知识。

但我个人认为，让普通的商务人士学习 PMBOK 有点太小题大做了。PMBOK 的知识体系非常精细，即便对参与大型项目的项目管理专业人士有所帮助，但对绝大多数将"项目化的工作"作为日常业务处理的商务人士来说，反而难以落实到具体的工作之中。

我不是说 PMBOK 不好，我只是想让大家知道，在现在的商业环境下，普通的商务人士想掌握 PMBOK 并不是一件容易的事。

日本职场频繁出现的"死亡冲锋"现象

"项目化的工作"越来越多,掌握项目管理能力的人才却非常少。

这种状况给日本企业带来了非常大的负面影响。

面对"项目化的工作",几乎所有的日本企业都没有明确谁来承担项目经理的职责。

结果就是在日本所有的职场中都不断地重复着同样的失败。

将这种失败整理成图表如下图所示。

■ **常见的失败项目示例**

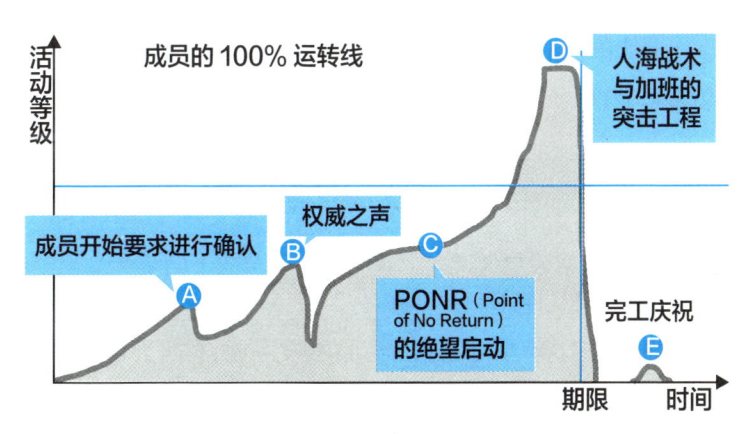

活动等级

成员的 100% 运转线

Ⓐ 成员开始要求进行确认

Ⓑ 权威之声

Ⓒ PONR（Point of No Return）的绝望启动

Ⓓ 人海战术与加班的突击工程

Ⓔ 完工庆祝

期限　时间

出处：笔者根据马里昂·海恩斯著、中岛秀隆译《项目管理入门》（日本能率协会管理中心）第 140 页的图表修改制作

这是我根据项目管理专家中岛秀隆翻译的《项目管理入门》（马里昂·海恩斯著/日本能率协会管理中心）中介绍的图表进行修改后制作的。

在这个图表上，横轴表示"时间"，纵轴表示"活动等级"。

绝大多数的项目，成员都没有明确的职责分工，大家都从"自己力所能及"的事情开始做起。

随着活动等级的不断提升，当项目进展到 A 点的时候，或许有成员提出"继续这样做下去可以吗""以前的项目不是这样做的"之类的问题。结果其他成员也开始感到不安，于是提出对项目的进展方法进行确认的要求，活动等级也受此影响出现停滞。

随后，当成员对工作方法达成共识之后，项目再次开始。

当项目进展到 B 点的时候，企业的经营层或客户可能会提出"与我想象的发展方向不同，请进行调整"的预料之外的要求。

这被称为"权威之声"。

结果活动等级下降到接近于零，项目不得不从头开始。

而就在项目从头开始的同时，规定的时间也所剩无几，于是就来到了 PONR，也就是完全无法回头的阶段。

过了这个阶段，剩下的就是为了在规定时间内完成项目而利用人海战术与加班的突击工程。

这个阶段的活动等级已经完全超出了 100% 的上限值，也就是俗称的"死亡冲锋"。

当渡过了这个难关之后，活动等级又一下子降低为零。

之后活动等级稍微有所升高的就是"完工庆祝"，成员聚集在一起吃喝玩乐庆祝项目完工，然后项目组解散。

这就是日本职场之中最典型的项目的失败示例。

大家在工作中有没有过同样的经历呢？

好不容易获得的经验没有在组织中积累下来，不断重复同样的失败

上述示例中存在的最大问题，就是项目没有达成本来的目标。

当超过 PONR 之后，项目就进入了"为了在期限内完成不择手段"的状态，结果项目本来应该追求的"品质"反而遭到了忽视。

此外，这种情况还会消耗更多的"成本"。

比如采购原材料的时候，"两周后交货的价格是 10 万日元，3 天后交货的加急订单价格是 20 万日元"。如果时间充裕的话，甚至可以通过招标的方式对多家供应商进行对比，选择性价比最高的供应商。而在时间紧迫的情况下就不能采用这种方法了。

长期加班不仅会导致人工成本增加，也不利于员工的身心健康。

因此，即便在规定的期限之内完成了工作任务，但如果品质和成本都没有达到预期的要求，这个项目就是失败的。

完成工作任务之后的活动只有庆祝完工也是不对的。只是大家聚在一起吃喝玩乐，互相恭维一句"您辛苦了"，无法将通过

项目获得的宝贵经验在组织中积累下来。

好不容易完成的项目，成员肯定从中学到了许多经验。如果不能将这些宝贵的经验活用在以后的项目之中，同样的失败还会不断重复。

实际上，很多企业都没有设置对项目进行反省和回顾的机会，好不容易得到的经验都白白浪费了。

没有达成目标，项目结束后什么也没有剩下。

不断重复这样的失败项目，日本企业又怎么可能取得理想的成果并实现成长呢？

"擅长项目管理的人才"在任何行业都很抢手

如果每次执行项目都会出现死亡冲锋的情况，久而久之，谁也不愿意与项目扯上关系了。

我在软银工作的时候就遇到过这样的状况。

"Yahoo！BB"项目启动时，孙社长要求人事部"今天下午5点之前召集100名员工到会议室来"。

然后孙社长当着这100人的面，满怀激情地说："这个项目是赌上软银未来的第二次创业。希望大家都能参与到这个项目之中来，请在场的人都把名片留下。"

但留下名片的只有几十个人，很多员工都直接离开了，甚至有十来个人是从紧急出口悄悄溜走的。

当时软银的很多项目都接连失败，所以员工们都"不愿参与孙社长的项目"。

就连孙社长这样的领导者，如果成功率不高都难以留住人才。

员工们连项目都不愿参与，更别说担任项目经理了。

很多日本企业对我说，"我们企业没有人愿意做项目经理，根本培养不出人才"。

这绝不是因为日本的商务人士不思进取或者缺乏能力，而是因为没有权限只有风险的项目经理这个职位实在太没有吸引力。

更何况绝大多数的日本企业在组织结构上就存在问题，导致项目经理无法充分地履行自身的职责。

日本企业成立新事业项目的成功率非常低，这也是无可争议的事实。

日本的大企业中最常见的情况就是将商业计划竞赛的获奖主题项目化，将提案者任命为项目经理。

在项目启动初期，往往有高层领导参与其中，为项目经理提供支援。

但随着项目的进行，一旦项目内容与高层领导自己管辖的部门发生利益冲突，这些领导就会立刻撤出项目。

失去高层支援的项目经理同时也失去了必要的人才和预算，最终项目只能以失败告终……这就是最典型的失败案例。

更糟糕的是，项目失败的责任完全由项目经理独自承担。即便在项目结束后，这次的失败经历也会导致其人事考核的评价降低。

如果在项目启动时，提供支援的高层领导能够明确表示"如果项目失败我承担全部责任"的话，就能避免出现上述的问题。但日本企业的项目基本都没有明确的权限和责任划分，所以当出现问题时，最终都是由项目经理来承担责任。

项目经理的工作在短时间内不会被 AI 夺走

既然担任项目经理没有任何好处,那么员工们认为"不参与项目,做好自己的本职工作就好"也是理所当然的。

但实际上正如我前文中提到过的那样,今后不管在任何企业之中,"项目化的工作"都将越来越多。

届时如果谁都不愿意担任项目经理,员工也只是迫于上司的命令才参与项目的话,项目失败的概率只会越来越高。这样一来,日本企业与海外企业之间的差距就会越来越大,甚至在全球化的竞争中一败涂地。

这对日本整个国家来说,都是必须重视的问题。

虽然话题比较沉重,但换个角度来看,这也是个机会。

正因为很多人都对参与项目敬而远之,如果能在这个时候掌握"项目管理"的能力,就更容易出人头地。

不管今后 AI 如何发展,只要你掌握了项目管理的能力,就一定能够成为各个企业争抢的人才。

尽管现在日本的组织环境对项目经理来说非常严峻,但仍然有对项目整体进行控制,让他人提供帮助的技巧存在。

本书将在后文中为大家做详细说明。

"优秀的项目经理"不会浪费成员的时间

那么,怎样才算是"优秀的项目经理"呢?

我认为最重要的一点,就是不能浪费项目组成员的时间。

"浪费时间",指的是让成员花费多余的时间进行工作。

比如因为高层的"权威之声"导致所有工作都要从头开始,就是典型的"浪费时间",之前用在工作上的时间全都白白浪费掉了。如果总是出现返工的情况,成员就不得不加班加点地工作来保证工作能够在限定的时间内完成。

此外,毫无意义的等待也是在浪费成员的时间。

比如项目组因为没有得到上司或客户的指令就一直停工等待,结果下午快要下班之前项目经理说"终于能开工了,今天要把这项工作干完",于是成员就不得不加班赶工。

更可怕的是在没有得到上司或客户指令的情况下因为到了PONR而被迫开工,结果突然接到了"权威之声",不但之前的努力付诸东流,接下来还要更加辛苦地加班赶工。

如果每天都出现这样的问题,项目组的成员肯定会感到身心俱疲。

在企业为了压缩人工成本而给每一名员工安排大量工作的情

■ "优秀的项目经理"和"蹩脚的项目经理"的区别

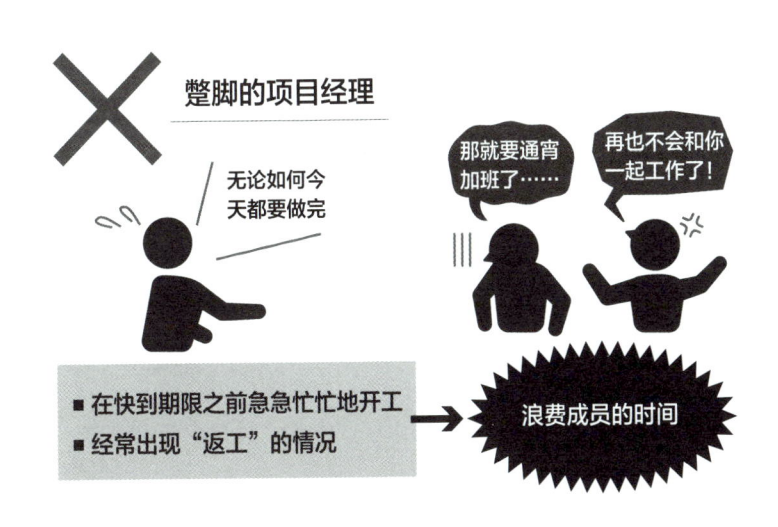

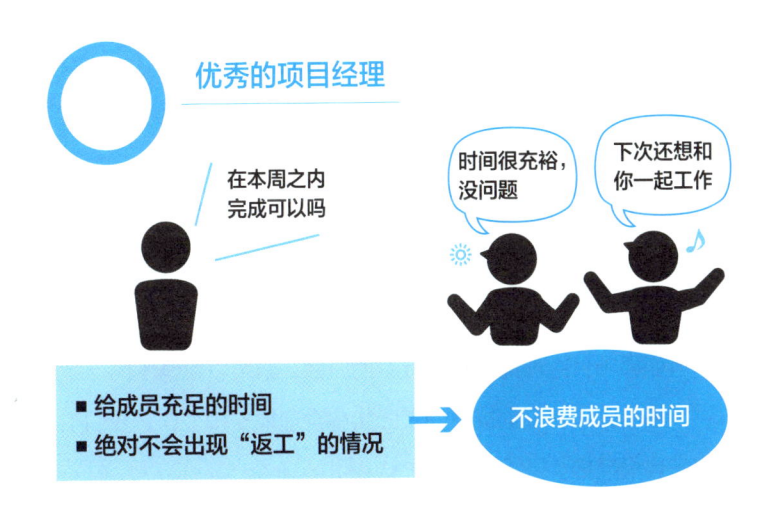

✗ 蹩脚的项目经理

无论如何今天都要做完

那就要通宵加班了……

再也不会和你一起工作了！

- 在快到期限之前急急忙忙地开工
- 经常出现"返工"的情况

→ 浪费成员的时间

○ 优秀的项目经理

在本周之内完成可以吗

时间很充裕，没问题

下次还想和你一起工作

- 给成员充足的时间
- 绝对不会出现"返工"的情况

→ 不浪费成员的时间

况下，可以说"时间"是最宝贵的资源。

这一点不管对新员工还是老员工来说都一样。

不仅自己企业内部的同事，即便是对于企业外部的合作方，也不能随便浪费对方的时间。

企业外部的合作方也有自己的本职工作，所以身为项目经理不能只考虑自己的项目内容而对合作方提出太多的无理要求。

浪费时间的项目经理难以得到他人的协助

如果项目经理丝毫不考虑周围人的状况，总是浪费大家的时间，会出现什么样的结果呢？

结果就是大家都认为"和那个人一起工作，总是出现返工的情况还要拼命赶工，再也不想和他一起参与项目了"。

就算因为公司的命令而被迫参与了项目，他们也会认为"这个项目经理的工作我就随便做做"，而绝不会产生出"为了这个人努力工作"的想法。

如果无法得到其他人的帮助，项目当然难以取得成功。结果你就会被打上"蹩脚的项目经理"的烙印，在公司内外都得不到好的评价。

但如果项目经理能够珍惜大家的时间，结果将完全不同。

"那个人能够根据成员的实际状况合理地安排工作，我们工作起来也很轻松。"

"那个人将整个团队的工作任务都安排得井井有条，所以我们几乎很少加班。"

如果能够让项目组的成员这样想，那他们对你的评价自然会提高。

而且因为成员都非常积极地进行工作，工作效率也会随之提高，项目也能取得理想的成果。

如果你总是能够用最少的时间取得最多的成果，当你担任其他项目的项目经理时，就会有更多的人愿意参与到你的项目中来。

只要能够让项目组的成员感到满意，项目经理的工作就会进展得非常顺利，当然自己也会轻松不少。

今后"项目化的工作"越来越多，"优秀的项目经理"和"蹩脚的项目经理"之间的差距也将越来越大。

而这个差距也将直接影响到自身的评价。

所以，掌握"项目管理的工作术"非常重要。

能够将"工作方法改革"导向正确方向的只有项目经理

最近日本全国都在推广工作方法改革,不管是企业还是个人,对时间的重视度都提高了不少。

但坦白说,我感觉现在的工作方法改革存在一些问题。

"更少的时间、更高的生产效率"这个方针并没有错。

问题在于实现的方法。很多企业就直接将所有的责任一股脑儿地都推给了现场。比如提出"把生产效率提高 30%""将加班时间减少 50%"等目标,但让员工们"自己想办法实现"。这就是现在的工作方法改革。

然而个人的努力是有极限的。

如果一个人的业务量是其能力的五倍,那么就算这个人将工作效率提高一倍也无济于事。

在这种情况下,除非增加人手或者将多余的工作外包出去,否则不管个人如何努力也无法达成目标。

也就是说,只有以组织为单位对运营进行改善,才是真正意义上的工作方法改革。

能做到这一点的不是现场成员,而是经营层。

如果企业的经营者不做出改变,就无法实现真正的工作方法改革。

担任客服中心负责人时期的大失败

我之所以敢这么说，是因为我过去就犯过同样的错误。

我在软银工作的时候曾经被任命为客服中心的负责人，有一天孙社长要求我大幅削减成本。

要想削减成本，就必须缩短客服与顾客之间的通话时间。我对通话时间的平均值进行了计算，发现平均每次通话需要8分30秒的时间。

于是我认为"只要缩短这个时间就可以了"，并对现场的经理们下达了"将通话时间缩短1分钟，平均控制在7分30秒以内"的指示。

但这个措施非常失败。

因为客服们为了在目标时间内结束通话，极大地加快了自己的语速，甚至还有的客服在7分30秒之后立即挂断了电话。

结果自然是引起了顾客们的不满，"话没说完就被挂断了""语速太快都听不清在说些什么"之类的投诉接连不断，客服中心的呼叫数反而比以前更多了。

这简直就是"上司不努力，全指望现场人员解决问题会导致糟糕结果"的绝佳反面教材。

意识到自己的问题之后，我立刻着手对整个组织的运营进行改善。

因为仅凭个人的努力完全无法解决问题,在这种情况下就只剩下唯一的解决办法。

那就是"建立起让客服不用长时间对话也能解决问题的体制"。

首先我对工作手册进行了调整,删除了可能延长通话时间的要素。

之前客服要逐一向客户确认"住址""姓名""年龄""性别"等诸多项目,在与法务部门确认之后,我将其中非必要的项目都删除掉了。

同时,我还导入了能够远程确认客户调制解调器状态的工具,使客服不必询问就能把握对方的调制解调器状态。

因为我对通话时间较长的内容进行调查之后,发现绝大多数都是在"确认调制解调器的状态"。为了确认客户的调制解调器状态,客户需要提出"有没有闪烁的灯""是第几个灯""是红色还是绿色"等许多问题,结果就导致通话时间延长。

而在导入上述工具之后,客服就不再需要确认这些内容,通话时间自然大幅缩短。

经过这一系列的调整,客服中心的成本也得到了大幅削减。

这件事也让我深切地意识到,要想提高工作的效率,管理层对整个组织的业务量和资源分配进行合理的控制是必不可少的。

灯光消失了，但工作并没有消失

曾经有经营者对我说："我们公司整体进行了工作方法改革。为了不让员工加班，每天一到固定时间就关灯。"

但"定时关灯"和"将通话时间缩短一分钟"在本质上是一样的。

这样做只是单纯地缩短了员工待在办公室的时间，而业务量却没有任何变化。因此员工只能把工作带回家去做，"显性加班"变成了"隐性加班"。

还有的企业设定了各部门减少加班时间的目标，一旦没有达成目标就对该部门的管理者加以惩罚。

为了达成目标，有的管理者让部下按时下班，自己帮部下完成任务，还有的管理者将业务内容甩给其他部门或者外包出去。

由此可见，如果不从根本上改变组织的运营方式，不管设定多么理想的目标，都无法取得预期的效果。

中层管理者以"项目管理工作术"为武器改变组织

但一味地抱怨"我们公司的经营层不采取任何措施"也无济于事。

要想使状况得到改善，必须有人去改变组织。

最适合承担这项工作的就是中层管理者。

因为中层管理者位于高层经营者和现场成员之间，能够及时得到两方面的信息。

所以中层管理者既可以将现场成员的声音反映给经营者，又拥有改善组织整体运营的力量。

可能有人会说："我们光是应对眼前的工作就已经竭尽全力，哪还有多余的精力去改变组织运营呢？"

我曾经也做过中层管理者，所以很理解这种心情。

但在当前这种状况下，其实最大的受害者就是中层管理者。正因为如此，为了给自己创造一个更加舒适的工作环境，为了让大家都能更加高效地开展工作，希望每一位中层管理者都能努力地去改变组织。

当然，这里说的改变并不意味着要进行翻天覆地的改革。

通过与上司和客户的充分交流避免出现"权威之声"，通过明确权限防止将责任全都推到项目经理和现场成员的身上，通过合理的工作安排来避免毫无意义的等待和返工等情况……中层管理者能做的事情很多很多。

这些正是本书将为大家介绍的"项目管理工作术"。

从下一章开始，我就将为大家具体地解说"项目管理工作术"。

第 2 章

团队工作的效率取决于『立项』阶段的完成度

防止出现"返工"的 7 个关键

在第一章中，我为大家介绍了日本职场中"典型的项目失败模式"。

那么，为了避免"死亡冲锋"，具体应该怎么做呢？

最有效的办法就是了解正确的项目管理术。

实际情况是，对员工进行项目管理方法培训的日本企业少之又少。

虽然通过学习 PMBOK 可以帮助我们成为项目管理的专家，但这个知识体系过于庞大，对于日常工作十分繁忙的普通商务人士来说，想要充分掌握绝非易事。

因此，在本书的第二章到第四章中，我将根据自身的经验，为大家介绍最基础的项目管理方法和实践技巧。虽然其中有一部分参考了 PMBOK 的内容，但绝大多数都是我根据自己作为项目经理的实践经验总结出来的。

本章我将为大家介绍的最关键的内容，就是如何避免出现"返工"。

项目管理的工作术不仅适用于特别的项目，同样能够提高日常项目化工作的效率，请大家一定在自己的业务中进行实践。

"通常业务"与"项目"的区别

让我们先来整理一下通常业务和项目之间的区别。

项目

·创造独特的产品和服务

·有期限

·多个部门共同参与

通常业务

·重复生产同样的产品和服务

·持续性

·负责部门独立完成

正如我在第一章中说明过的那样,拥有与之前的工作完全不同的独特性,设定明确的工作期限,需要与其他部门或外部人员展开合作等,是项目最大的特征。

而通常业务正好与之相反,重复之前的工作,没有明确的工作期限,而是一直持续,仅凭自身部门就能独立完成。

此外,项目还必须让3个要素保持平衡。

这3个要素分别是"品质""期限""成本"。

为了达成项目的目标,必须一边对"成果的品质""时间表""预算和人员"这3个要素进行调整,一边推动项目进展。

再来看项目管理与通常业务管理之间的区别。

通常业务的流程就是我们常说的 PDCA。

因为要让"PLAN"（计划）、"DO"（执行）、"CHECK"（检查）、"ACTION"（改善）循环起来，管理也基本按照这一流程进行。

而项目则要在"P"之前加上一个非常重要的阶段。

在制订项目计划之前，必须明确"项目的目标是什么""利益相关者都有谁""需要多少时间和预算""需要达到什么品质"等内容。

这个阶段用 PMBOK 的术语来说就是"立项"（Initation）。

立项阶段对于防止出现"死亡冲锋"非常关键。

项目从开始到结束的"4 个阶段"

我个人对项目管理的流程进行整理之后，将其分为 4 个阶段。

①立项：明确与项目相关的重要事项，与项目的委托者和最终责任者进行磨合。

②计划：制定时间表、安排工作任务、设定会议等。

③执行：召开例会、进程管理、各种调整等。

④结束：对项目内容进行评价与回顾。

接下来我将对各个阶段具体应该采取哪些行动进行解说（本

章介绍"①立项")。

不管是开发新事业这样的大规模项目,还是日常的项目化工作,需要完成的工作和流程基本是相同的。

大家可以在自己的工作中实际尝试一下。

立项① 决定项目经理的人选

正如前文所述，项目最初的立项阶段，是决定项目能否成功的关键。

而立项的第一步，就是决定项目经理的人选。

或许有人会想：

"这种事还用说？"

"难道不应该最先决定吗？"

但请大家想一想自己的职场，是不是很多工作都没有明确的管理者和负责人。

比如公司要做一个新的官方网站。

相关部门的员工在自己上司的命令下参与到这个项目之中，但没有人自愿担任项目经理。甚至在大多数情况下，参与项目的人都没有"选出一个人对这个项目进行统一管理"的想法。

结果就是项目的参与者不知道应该如何进行协商，只能站在自己部门的立场上提出意见，然后按照自己的想法各干各的。

这样的情况在日本的企业之中可以说十分常见。

没有项目经理，信息就会混乱

为什么必须先决定项目经理的人选？

如果没有项目经理，会出现什么问题？

答案很简单，如果没有项目经理，就会出现"信息混乱"的问题。因为参与项目的人数（n）越多，交流的渠道数就越多。

当成员只有 2 个人的时候，渠道数为 1 个。

但成员增加到 4 个人的时候，渠道数就变成了 6 个。成员为 5 个人的时候，渠道数为 10 个。交流渠道数的计算公式为"n（n-1）/2"，所以当成员数为 8 个人时，渠道数为 28。

■ 交流渠道的计算方法

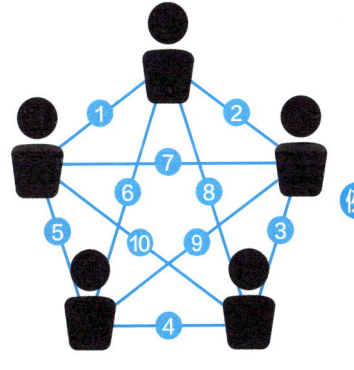

当"人数 =n"时，渠道数为"n（n-1）/2"个

例 5 人 → 5×（5-1）÷2=10 个
6 人 → 15 个
8 人 → 28 个
10 人 → 45 个……

↓

人数越多，渠道数越多

在这种状态下，如果成员各自传递信息会出现怎样的情况呢？

A对B询问"这件事怎么办"，B说"应该是C在做"，于是A又问C，C回答"D说已经下完订单了"，再问D的时候，D却惊讶道"哎！这件事不是你在做吗"。

因为每个人的认识都存在一点偏差，结果就导致所有人都不知道正确的信息。类似的信息混乱问题在大多数企业中都很常见。

交流渠道的数量越多，出现信息混乱的可能性就越高。

但要是有项目经理的话，状况就会变得完全不同。

项目经理就相当于一个信息中枢，将交流渠道的数量固定为"n-1"个。比如一个项目组中包括项目经理在内总共有8个人，那么交流渠道就有7个（如果难以理解的话，可以在一张纸上将项目经理放在正中间，其他成员围成圆形放在周围，从项目经理分别向其他成员连线）。

这样一来，项目组成员只要与项目经理交流就能得到最新的信息，从而避免了各自传递信息导致的信息偏差，使所有人都能时刻把握项目状况。

正因为项目组是由来自不同组织的成员所组成的，所以更应该先决定项目经理的人选，建立起一个能够共享正确信息的机制。

■ 为什么需要"项目经理"

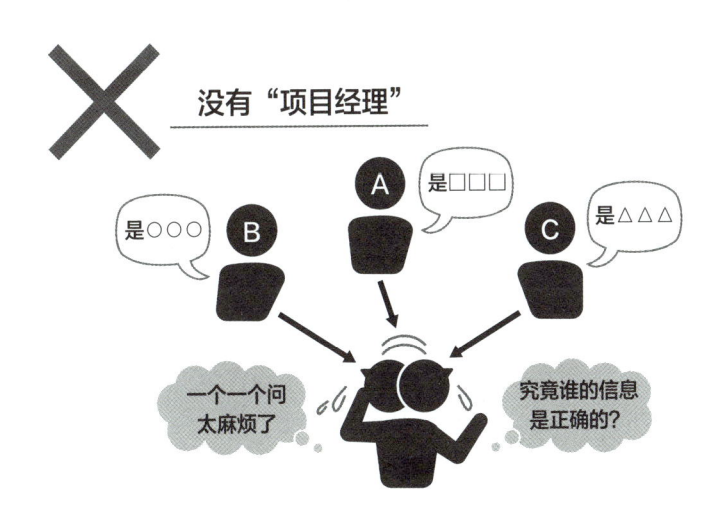

✗ 没有"项目经理"

A 是□□□
B 是○○○
C 是△△△

一个一个问太麻烦了
究竟谁的信息是正确的？

○ 有"项目经理"

B　A　C

只要询问项目经理就能了解最新状况

项目经理 = 信息中枢

是△△△

项目经理

第二章　团队工作的效率取决于"立项"阶段的完成度

立项② 明确项目负责人

接下来的内容,都假设我们是项目经理的身份。

在立项阶段,项目经理必须明确自己需要完成的目标。具体来说就是要先制定一份"项目章程",并得到"项目负责人"的认可。

关于"项目章程"我将在后文中详细介绍,现在我们先来看一下什么是项目负责人。

所谓项目负责人,指的是项目的委托人,同时也是拥有最终决定权的人。

而受项目负责人的委托推动项目前进的人就是项目经理。

以我在软银工作的经历为例,孙社长就是项目负责人,我则是项目经理。

项目由"品质""期限""成本"3个要素组成。

只有让这3者保持平衡,项目才能成功。

而如何保持平衡,是由项目负责人决定的。

"即便降低品质也要按期完成。"

"超出期限也没关系,将成本控制在预算之内。"

"就算超出预算也要保证品质。"

如果项目负责人这样说了,那就没必要对"品质""期限""成本"全都追求 120% 的结果。

极端点说,不管品质多么差、预算超出多少、超出期限多少,只要项目负责人点头就一切 OK。项目目标的高低,完全取决于项目负责人的判断。

正因为如此,在项目开始之前,必须明确谁是项目负责人。而且,项目负责人最好只有一个。

没有明确负责人的项目非常危险

但实际上,没有明确负责人,或者有多个负责人的情况,可以说是屡见不鲜。

比如自己企业打算制作一个新的官方网站,那么这个项目究竟是信息系统部门的任务,还是经营企划部门或者市场营销部门的任务?像这样不知道委托人和最终决策者的项目在日本企业中十分常见。

在这种状态下启动项目非常危险。

因为项目必然会陷入僵局,最后不得不进行"死亡冲锋"。

为了推动项目前进,拥有决策权的人是不可或缺的。

比如上一章中介绍过的企业内部成立新事业项目的失败案例。

高层领导虽然在项目启动时提供支援,但当项目进展不顺利的时候就立刻临阵脱逃了。而剩下的项目经理由于没有任何权限,无法调动人员和资金,使项目陷入僵局,最后以失败告终。

■ 项目负责人只有"一个"

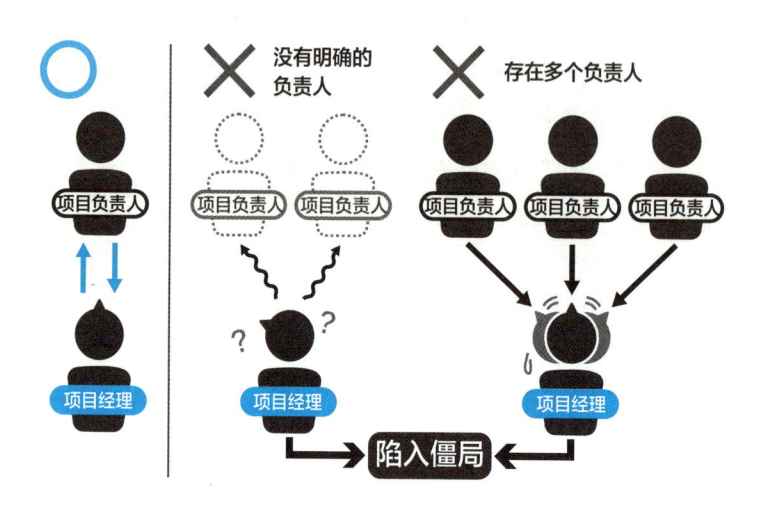

一旦失去拥有权限的负责人，项目就只能迎来这种结局。

比没有负责人更糟糕的情况是，存在多个"负责人"。

"信息系统部门的部长要求按照 A 方案执行。"

"但服务企划部门的部长认为 B 方案比较好。"

"专务让我们执行 C 方案。"

如果"权威之声"接二连三地传来，项目现场就会乱成一团。

不要让项目经理成为项目的负责人

当项目涉及多个部门的时候，确实可能存在许多个与项目相关的部门负责人和领导者。

但正因为如此，在项目开始之前更应该明确"谁是最终的决策者"，否则的话这些相关的负责人就会互相推卸责任。

项目负责人不但拥有决策权，同时也对项目承担全部的责任，所以具有非常重要的作用。

很多人认为"项目经理应该承担项目的责任"，但这种想法其实是大错特错。

应该为项目承担全部责任的人是项目负责人。

项目经理只不过是按照项目负责人的要求推动项目前进的现场执行者。

但实际上，让项目经理承担全部责任的项目比比皆是。

自己没有任何权限，无法调动必要的人才和资金等资源，却要承担责任。在这样的重压之下，项目经理难免心力交瘁，最终导致项目失败。

日本企业的项目之所以常常出现失败，就是因为没有明确项目负责人，或者没有将项目负责人与项目经理的职责区分开来。

在立项阶段，首先决定项目经理的人选之后，紧接着就应该明确谁是项目负责人。这是让项目取得成功的铁则。

我在软银时代以项目经理的身份参与的都是难度非常高的项目。

不过这些项目都有非常明确的项目负责人，这个人就是孙社长，而我作为项目经理则因此获益良多。

孙社长不管做什么，都会先提出明确的目标。

比如"9月1日向媒体公布新的收费计划"。

因为有必须完成的目标,项目组的全体成员就会朝着目标全力以赴。

孙社长规定的期限都非常短,执行起来困难重重,但因为明确了项目负责人要求的品质、期限、成本,我在现场的工作大多都进行得比较顺利也是不争的事实。

贸然地启动项目,磕磕绊绊地推进,中途又因为遇到问题而停滞,这种没有效率的工作方法在软银是绝对行不通的。

这都得益于孙社长作为项目负责人培养出来的企业文化。

负责人不唯一的情况

明确项目负责人之后,项目经理就要向负责人确认相关项目的具体信息。

比如项目的目的、目标、预算的上限,以及期限等等。

确认这些信息的目的在于制作"项目章程"。我在"立项⑤"中介绍了项目章程中必须包括的内容,大家只要参照这些内容与项目负责人进行确认即可。

虽然项目负责人应该尽可能限定为一个人,但实际上也会出现无论如何都存在多个项目负责人的情况。

比如多家企业合作成立新公司的时候,各个企业的经营者就都是项目负责人。

在我担任项目经理的、收购日本债券信用银行的项目中，就有三位项目负责人，分别是软银的孙社长，ORIX 的宫内义彦会长（时任），以及东京海上火灾保险的樋口公启社长（时任）。

还有一种情况：虽然对方企业派来了项目负责人，但实际上拥有最终决策权的是这个负责人的上司，但我们这边无法与对方的上司直接取得联系。

当然，也有项目负责人非常明确，但负责人本身没有明确的项目目标的情况。

关于这些情况的具体应对方法，我将在第五章中进行详细说明。

立项③　以最快的速度掌握必要的知识

与负责人确认完信息之后，就要以此为基础将品质、期限、预算等要素具体化。

虽然在绝大多数情况下这些要素都是由负责人规定的，但为了落实到具体的行动上，还是需要随时与负责人进行确认。

立项阶段的关键就在于保证项目经理与项目负责人对项目有统一的认知。

但有的时候，就连项目负责人自己对于"项目需要多少人员和预算""仅凭现有的资源能够实现多高的品质"也不是很清楚。

因为很多项目负责人虽然拥有权限，但对现场情况缺乏了解。

而且项目经理往往也不知道为了达到负责人提出的目标究竟需要花费多少时间。

毕竟项目和通常的业务不同，目的是创造出前所未有的独特产品和服务，所以一开始谁也不知道应该怎么做，这种情况是很正常的。

正因为如此，更不能在没搞清楚状况的时候就贸然启动项目。因为这样可能做到一半就被负责人发现和他预期的成果不符，结果被迫返工。

对于项目经理来说，要绝对避免出现这种问题。

这就需要消除"相互之间认知存在偏差"的问题，并且针对想要达成的目标建立假设。

因为是之前从没有做过的事，所以在这个阶段只能建立假设。但建立假设也要有一定的依据。

"如果想做出和竞争对手的官方网站相同品质的网站，大概需要这些预算。"

"以前对网站进行更新时用了这么长的时间，这次大概也需要同样的时间。"

像这样以其他企业或者过去的事例为基础建立假设与项目负责人进行交涉，就更容易确定具体的品质、期限和预算。

对项目负责人来说，因为有事例和数字作为参考，就会明确自己的目标，自然更容易提出"希望能够达到这种品质"之类的具体要求。

综上所述，在项目初期阶段，负责人与项目经理通过共享信息消除认识上的偏差。这是避免后续出现返工的关键。

在获取信息和知识之前先稍微了解一下相关的基础信息

要想建立起合理的假设，项目经理必须掌握最低限度的信息和知识。

但因为已经进入到立项阶段，没有充足的时间去从头学起，所以只能用最短的时间掌握必要的基础知识。

通过阅读相关书籍或者向专业人士咨询，都可以在短时间内把握最低限度的信息和知识。

然而，如果自己没有任何的基础，即便向专业人士咨询，也无法分辨哪些是对自己有用的信息，更无法提出有意义的问题。

因此，首先找出一个用来作为对比的基准和指标就显得尤为重要。

以制作新网站的项目为例，只要看一看竞争对手的网站，就可以大致把握网站的标准功能和设计水准。

当掌握了这些基础信息之后，在与制作网站的公司进行交涉时，就可以提出"设计一个和 A 公司的网站一样风格，具有 B 公司网站功能的网站，大概需要多少时间和多少预算"之类的具体问题。

像这样在获取信息和知识之前先稍微了解一下相关的基础信息，就能获得可以直接应用在项目之中的知识。

在大型实体书店中寻找参考书

阅读相关书籍是了解基础信息的有效手段。

因为要想把握某个主题的整体内容，阅读纸质书籍是效率最高的方法。

纸质书籍的优势在于具有一览性。

只要先看一遍目录，再大致地浏览一遍，就能基本上把握这本书的整体结构。要想瞬间理解事物的本质，纸质书籍是最佳的选择。

在寻找相关书籍时，建议大家去大型的实体书店。

来到相关主题的书架跟前，将摆在书架上面的书依次拿下来翻阅。如果没有太多时间的话，可以只将目录进行对比。

通过这样的对比，你就可以判断出哪些书中有对自己有用的信息和知识。

将选好的书买回来之后，首先将内容大致地浏览一遍，将自己感兴趣的内容和对项目有帮助的内容都用便签贴上记号。

接下来只要仔细地阅读有记号的部分，就能在最短的时间内掌握必要的知识。

我从软银独立出来之后，担任内阁府核能对策总部的核废料与水污染对策项目组的项目经理顾问时，也采用了这个方法。

虽然内阁府因为我在软银工作时取得的成绩而委托我担任该项目的顾问，但我对这个领域其实是一窍不通。

当了解到问题可能出在现场的施工管理上之后，我立刻前往书店，在"施工管理"的书架上翻阅了几十本书。

结果，我发现在"土木施工管理技术鉴定"资格考试的教材中，包含所有我需要的知识。

于是我买了三本该领域的教材，一边贴标签一边迅速地浏览了一下书中的内容，在掌握了与施工管理相关的基础知识之后就参与了该项目的启动会议。

虽然这是我从未接触过的领域，但我仍然凭借事前突击掌握的基础知识，在现场找出了导致项目进展缓慢的课题，并提出了解决方案。

孙社长总是先与内部人士进行讨论

如果觉得仅凭书籍无法获得足够的信息和知识，还可以向专家请教。

我在入职软银之前曾经在三菱地所工作过，所以认识一些施工管理部门的人。我拜托他们让我到施工现场去参观学习，同时也向他们请教了一些人员配置的方法和图纸的管理方法等实务知识。

虽然书籍是非常优秀的学习工具，但也有很多信息和知识是只有在现场才能学到的。所以向那些对现场十分熟悉的专家请教，到现场去亲自参观学习也非常重要。

如果没有机会向企业外部的人请教，可以先与企业内部或者身边的人交流，也能得到许多提示。

这也是孙社长经常使用的方法。

当孙社长想要做某件事情，但没有明确目标的时候，就会找社长室的成员和负责经营战略的干部一起进行讨论。

孙社长会先提出他自己的观点，比如"我在考虑这个问题，你们觉得怎样""你们觉得这种方法如何"，我们说出自己的意见之后，孙社长又会进一步提出问题，在讨论的过程中，目标就会变得越来越清晰。

有时，孙社长还会提出"把经理叫来""把法务的人叫来"之类的要求，不断增加参与讨论的人员，对论点进行更加深入的整理。如果需要企业外部的专业人士，他还会向投资银行的负责人和税务师咨询详细的内容。

通过孙社长建立假设的方法可以看出，即便只是与身边的人展开讨论，对于明确目标也有巨大的帮助。

综上所述，即便是第一次接触到的工作，也有许多方法可以在最短的时间内掌握必要的知识。

关键在于，对于自己不确定的内容要第一时间与项目负责人进行交涉，并且尽可能多地收集信息与知识。

项目经理务必牢记，绝对不能"在没有明确目标的情况下就贸然启动项目"。

立项④ 全面把握项目的利益相关者

利益相关者指的是股东、顾客、员工、供应商、当地社会和政府等所有与企业的经营活动相关的人。

而项目的利益相关者包括以下对象：

- 项目负责人
- 项目经理
- 项目成员
- 成员的直属上司
- 其他部门
- 项目合伙人
- 供应商
- 顾客

项目会涉及非常多的人，在立项阶段必须明确"这个项目的利益相关者都有谁"。

如果在立项阶段没有把握所有的利益相关者，那么在项目执行阶段，被遗漏的利益相关者很有可能突然出现并提出问题，导致项目不得不返工。

比如合规部门，虽然与项目没有直接的联系，但商品和服务在上市之前必须经过合规部门的检查。

■ "遗漏利益相关者"会导致返工

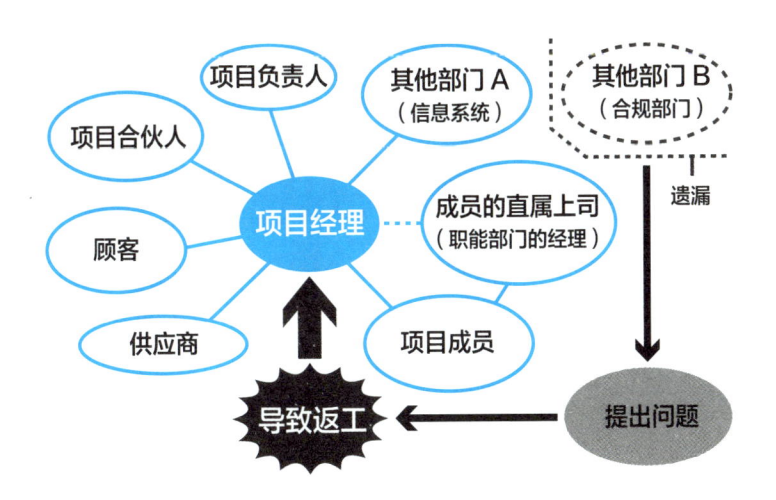

```
项目负责人    其他部门A        其他部门B
项目合伙人    (信息系统)      (合规部门)
              项目经理 ---- 成员的直属上司    遗漏
顾客                        (职能部门的经理)
供应商        项目成员
    导致返工 ←                  提出问题
```

如果一个开发新玩具的项目遗漏了合规部门这个利益相关者，那么在玩具上市之前，合规部门检查发现"这款玩具可能因为误操作划伤儿童的手指，必须对这部分的零件进行改善"，必将对项目造成巨大的影响。

因为在这个时候企业已经准备好了批量生产的生产线，并订购了相应的模具，所以更换零件可能会造成数百万甚至上千万日元的损失。

听起来很可怕吧，但实际上类似的情况在日本企业中可以说是屡见不鲜。

避免被意料之外的利益相关者破坏项目

除了上述情况之外,还有其他部门的负责人反对项目的情况。

就算高层领导施压,迫使该部门的负责人参与到项目之中来,对方也可能因为心里不情愿而找理由拒绝提供帮助。

因此,身为项目经理绝对不能乐观地认为"那个部门的成员参与了项目,所以应该没什么问题",而应该牢记"部下是上司的代理"这一事实。

所以在一开始就应该将"项目成员所属原部门的上下级关系会对项目造成巨大影响"的因素考虑进来。

综上所述,在立项阶段全面地把握利益相关者,是让后续流程得以顺利展开的秘诀。

立项⑤ 制作"项目章程"

上述作业都完成之后,就要制作"项目章程"了。

项目章程是PMBOK的术语,可以理解为"权限委任证明书"。

在立项阶段,项目经理需要制作项目章程并提交给项目负责人审核,得到负责人的认可。也就是说,项目章程相当于"项目负责人将自己拥有的权限委任给项目经理"的证明。

如果是普通的业务,权限在谁的手中往往非常明确。比如生产的权限在制造部门的负责人手中,经费的权限在管理部门负责人手中,IT的权限在系统部门的负责人手中。

但项目因为涉及多个部门,甚至可能包括企业外部的组织和个人,所以权限的归属并不明确。

这就需要将权限统一委任给一个人。

这个人就是项目经理。

有了项目章程,项目经理就可以告知项目的其他相关者,"项目负责人已经将权限委任给我"。同时,这也相当于告知项目负责人,"项目由我全权负责,你不能中途取消"。

那么,项目章程都包括哪些内容呢?

具体来说应该包括7项内容。

这是我根据自己担任项目经理的经验总结出来的、在最初阶段应该得到项目负责人认可的内容（与 PMBOK 定义的内容不同）。

①项目的目的、任务、需要取得的成果

②项目负责人姓名、项目经理姓名

③利益相关者一览

④数值目标与相关的成功基准

⑤前提条件

⑥时间表与里程碑

⑦预算

接下来，我将以我自己运营的英语培训事业"TORAIZ"的"制作招募讲师的网站项目"为例进行说明。

①通过网站传达"TORAIZ 就是英语培训行业的爱马仕"这一信息

制作网站的目的、任务和需要取得的成果就是传达这一信息。

网站不但要起到吸引高端人才的效果，还要传达"虽然价格昂贵，但同时也能够提供最高品质的服务"这一理念，吸引能够与这个理念产生共鸣的人。

也就是说，在项目章程中要明确"项目的目的、想要达成什么目标，想要取得什么成果"。

②项目负责人：三木雄信／项目经理：山田太郎（化名）

在这个案例中我是项目负责人。担任项目经理的员工也要将自己的名字写出来。

③项目负责人、项目经理、人事负责人、校长、网站制作公司

将这个项目的利益相关者全都写出来。

④目标：每个月录用 10 名讲师／相关成功基准：每个月面试 100 人

写清楚这个项目应该达成的目标，以及相关的成功基准。

只明确最终录用 10 名讲师的目标是不够的。根据过去的实际情况可以得知，每 10 名应聘者中能够被录用 1 人，因此"如果每个月不能面试 100 人的话就无法达成目标"。在明确目标的同时，还要明确相关的成功基准。

⑤ VERSANT 分数在△△以上

明确达成目标和任务的前提条件。

"VERSANT"是一个国际性的口语考试。

因为 TORAIZ 提供的是"让学员在一年内掌握英语对话能力"的服务，所以讲师必须能够熟练地用英语进行交流。

将希望应聘者具备的技能作为前提条件明确地写下来。

⑥时间表：网站在 10 月 20 日上线

里程碑：网站的雏形在 9 月 20 日之前完成

明确最终的截止日期，以及必须达成的里程碑（里程碑指不允许有延迟的重要节点）。

⑦ 300 万日元

最后写明预算。

立项⑥　将项目章程拿给项目负责人审阅并获得认可

制作完项目章程之后，需要交给项目负责人审阅。

在这个时候，应该尽可能准确地把握项目负责人的想法，针对章程中的各项内容（尤其是"①项目的目的、任务、需要取得的成果"）达成共识，避免在后续流程中出现返工的情况。

为了做到这一点，最好制作一份"最终成果的总结材料"，与项目章程一同提交给项目负责人。

比如制作网站的项目，可以用图像处理软件制作一个网站的概念图，甚至手画一份能够体现出网站大致概念的草图也可以，还可以拿其他企业的网站作为样本。不需要做得太仔细，只要能够让项目负责人理解最终成果的大致情况即可。这样有助于负责人迅速地做出判断。

与单纯在 WORD 文档里用文字描述"采用色彩丰富的设计，便于用户输入的格式"相比，具体的成果更容易使人联想到最终完成时的状态。

此外，在进行说明时一定要将整体情况全都展现出来，而不能只展示部分信息。否则在项目进行到一定阶段的时候，项目负责人可能会提出"使用这张图片没有问题，但这部分的设计风格

■ 对项目负责人进行说明时的关键

✗	○
项目负责人："关于A的问题……" 项目经理	项目负责人 项目经理（拿着"A的整体情况"资料）
■ 只口头说明 ■ 不说明整体情况	■ 用资料进行说明 ■ 将整体情况说明清楚
↓	↓
项目负责人："跟我想的完全不一样，重新做！" **权威之声**	项目负责人："完全OK！"
过分……之前明明说OK的 死亡冲锋……	**项目负责人、项目经理、项目成员全都非常满意**

第二章　团队工作的效率取决于"立项"阶段的完成度　061

我不喜欢"之类的意见。

为了避免这种部分内容得到了认可，但整体没有得到认可的情况，在提交项目章程的同时，向项目负责人展示最终成果的整体情况非常必要。

我在软银工作的时候，为了避免孙社长发出"权威之声"，会在立项阶段尽可能地将最终成果的整体情况详细展现出来。

比如在开展"Yahoo！BB"项目的时候，因为要连续推出新服务，并举办大量的宣传和促销活动，所以服务的仕样书与订单每个月都要进行调整。

由于要非常频繁地与孙社长确认资料的内容，所以不管是制作资料的一方还是确认资料的一方都很容易出现漏项的情况。事实上在最初的一段时期，现场经常出现"这部分内容仕样书上没写，所以无法应对"的问题。

为了解决这一问题，我将所有资料都统一格式，保证"只要将项目填满，就不会出现遗漏"，在写出所有情况的应对方法之后，才找孙社长确认。

如果仕样书上没写应对退货的方法，导致出现退货情况时现场乱成一团，那我就在仕样书上添加"退货"的项目，写明"出现退货时，放入指定的回收箱内"的应对办法。

这样一来，不但现场对所有情况都能应对自如，还能防止项目负责人发出"我没听你说过关于退货的处理方法"的权威之声。

制作项目章程并提交给项目负责人审阅时，务必要说明清楚整体情况。告诉项目负责人"我将要这样做,请给我权限",并得到对方的认可。项目章程就相当于项目经理与项目负责人之间签订的合同。这是防止出现权威之声的有力武器。

立项⑦　召集所有的利益相关者参与启动会议

将项目章程提交给项目负责人并得到审议通过之后,就只剩下最重要的仪式了:召集所有的利益相关者参与启动会议。

在这个时候最重要的一点,就是要保证召集"所有"的利益相关者。

必须让"立项④"中包括的利益相关者全部出席会议。

当然,项目负责人也务必到场。

有的项目经理认为,只是一个启动会议而已,没必要让项目负责人亲自到场,但这种想法是大错特错。

正因为项目负责人和项目经理同时出席,才能向所有的利益相关者传达出"项目负责人将权限委任给项目经理"这一事实。

将并不直接参与项目的职能部门的经理和其他部门的负责人都叫来出席会议,让他们理解项目负责人与项目经理之间的关系,有助于项目今后的顺利进展。

为了让所有人都理解"项目负责人拥有最终的决定权,而这一权限被委任给了项目经理",必须要求所有的利益相关者都出席启动会议。

让所有人都参与启动会议还有很多好处:

首先可以提前把握问题。

比如项目经理在会议上提出"关于这个项目，大家还有什么问题和建议，请畅所欲言"。

这样一来，对项目持反对意见的人就会提出"这种方法恐怕行不通""这样做恐怕时间来不及"等问题。

那么只要解决了提出的问题，这些人就无法再用上述借口来阻挠项目的进行。

还有一个好处是让参与会议的人成为项目的当事人。因为自己出席了会议并且提出了各种各样的意见，那就不能用"部下可能说过，但我没听到"之类的借口来蒙混过关了。

如果可能的话，除了立项阶段的会议之外，项目进行阶段的例行会议最好也让所有的利益相关者都出席。

项目的利益相关者都是相应领域的专家。

对于项目经理来说，参考利益相关者的意见也十分重要。比如在会议上邀请合规部门的人参与，询问"关于这个项目，从合规的角度来说有没有什么问题"，往往能够获得非常重要的信息。

不要将项目的利益相关者当作"只会找麻烦"的敌人，如果能够在立项阶段就将他们变成自己的战友，对于项目的进展将起到巨大的帮助。

启动会议是展现项目经理能力的绝佳舞台

项目经理必须把握启动会议这个绝佳的机会，向全体利益相关者展现自己的能力。

因为在启动会议上，所有人都会观察项目经理是否有能力带领项目取得成功。

如果利益相关者认为"这个项目经理靠不住"，那么在项目进行过程中，肯定会产生出"反正这个项目也会以失败告终，我也不用太卖力""反正肯定会返工，做得差不多就行了"之类的想法。

为了让成员竭尽全力，项目经理必须在最开始就让所有人相信"这个人能够让项目取得成功"。掌握必要的知识，表明自己得到负责人的权限委任等前期准备，都是为了做到这一点。

只要能够得到成员的信赖，项目就能够顺利推进下去。

在本章的最后，我要再次重复一遍本章开头的那句话。

"最初的立项阶段，是决定项目成功与否的关键。"

身为项目经理，必须牢记这句话，踏踏实实地做好项目立项。

第 3 章

『计划』出最快抵达目标的路线

"将工作全部整理出来"和"制定时间表"的 7 个关键

在立项阶段通过与项目负责人的交流，可以明确项目的目标。

接下来的阶段，就是"计划"出最快抵达目标的路线。

具体来说，包括将工作全部整理出来，制定时间表，给成员分配任务。

这项作业非常重要，如果不认真完成，在项目实际执行过程中就很容易出现返工等问题。

在制定时间表时，还要把握"依赖关系"和"关键路径"等问题。

此外，给成员分配任务之后，成员可能没有按照分配的内容展开工作，也可能没有取得预想中的成果。

对项目经理来说，再也没有比这更让人头疼的事了。

因此，在本章中我将为大家介绍防止出现上述问题的技巧。

我向大家保证，只要读完本章，你所有关于制定时间表和工作分配的烦恼都将得到解决。

计划① 将工作全部整理出来，制作 WBS

接下来，我将为大家说明项目管理的第二个阶段"计划"。

将实现目标之前需要完成的所有工作一个不漏地整理出来，决定各项工作的负责人和完成时间，将工作分配给成员，制定整体的时间表——这就是计划阶段必须完成的作业。

在计划阶段最重要的内容，就是尽可能早地将所有的工作一个不漏地全部整理出来。

在项目管理领域，将这项作业称为"制作 WBS"。

这是将实现目标必须完成的工作（Work），尽可能细致地分解（Breakdown），并进行分类和结构化（Structure）的作业。可能听起来有些复杂，但其实做起来并不难。

下面我将对具体的方法进行说明。

正如上一章中提到过的那样，在项目的启动会议上，将所有的利益相关者都召集到一起，对项目的工作内容进行整理是最好的方法。

如果只有项目经理一个人整理工作内容，很容易出现遗漏。

因为项目经理不可能百分之百地了解项目的内容。

即便项目经理在立项阶段已经掌握了必要的知识，也不可能对个别领域的具体内容全部了如指掌，也没有这种必要。

项目之所以召集各个领域的专家，就是为了发挥他们各自的经验和能力，达成统一的目标。

因为项目成员都是各个领域的专家，所以与项目经理独自思考相比，借助大家的智慧一起思考更有效率。

将"实现目标之前需要完成的所有工作"都整理出来，进行分类和结构化

我担任项目经理时，一定会在启动会议上将所有的工作都整理出来。

首先，我会给所有人一本正方形的便签，然后说"请将为了实现目标必须做的事情（工作）全都写出来""如果认为现在有问题或者今后可能会出现的问题，也请写出来，并且将应对的办法也尽可能地写出来"。

关于工作内容，要写得尽可能详细一些。

比如，"制作新商品促销活动的企划书"，为了完成这项工作还需要"向商品企划部的负责人咨询情况""对竞争商品的促销活动进行调查""确认活动预算"等工作，这些也要一并写出来。

当所有人都将工作内容和课题写在便签上之后，接下来将写有内容的便签全都贴在白板上。如果发现有重复的内容就贴在一起。相互之间有关联和比较相似的内容则贴在相同的区域。

"这些都是与应用程序开发时间有关的问题。"

■ "整理工作"的流程

① 让所有人将工作内容都写在便签上

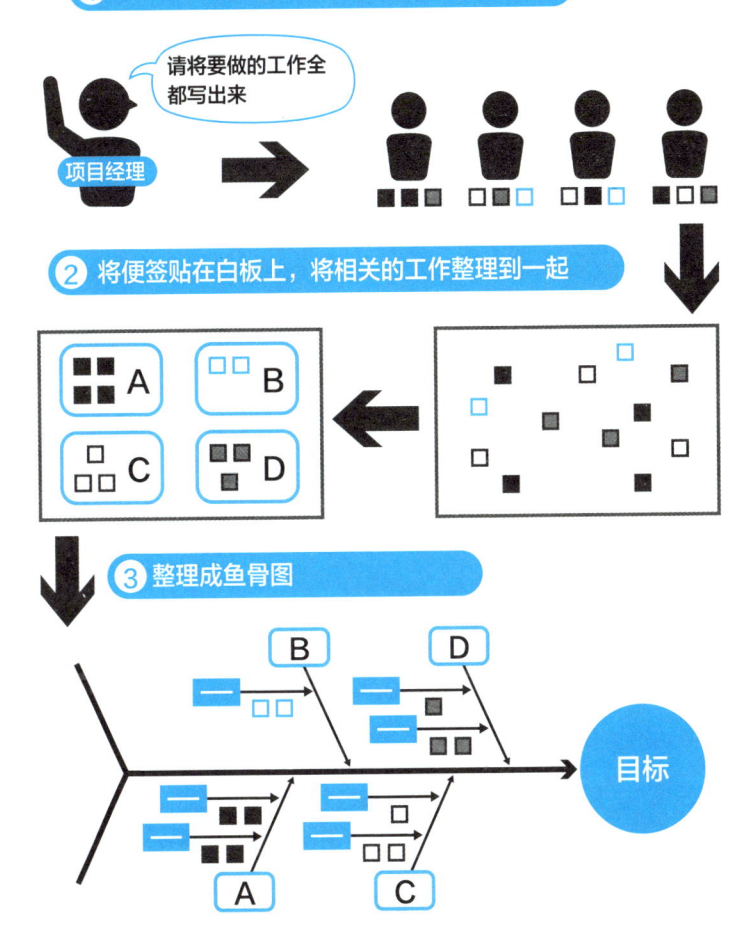

请将要做的工作全都写出来

项目经理

② 将便签贴在白板上，将相关的工作整理到一起

A　B
C　D

③ 整理成鱼骨图

B　D

目标

A　C

"这些是关于用户个人信息管理的问题。"

像这样进行分类,整理出多个区域之后,还可以进一步将其整理为鱼骨图(参见上页图)。当然不整理成鱼骨图也可以,关键在于"结构化"。

整理完毕之后,所有人再检查一遍是否有遗漏,同时还可能发现新的工作。比如"为了缩短开发时间,可以将一部分业务外包","让合规部门制作个人信息管理手册和顺序书"。

像这样将工作全部整理出来并结构化,可以说项目就已经成功了八成。

使用便签整理工作的理由

为什么不让大家先进行集体讨论,而是直接在便签上写出工作内容呢?因为经过集体讨论之后,大家可能会顾忌他人的意见,导致无法坦率地写出自己的想法。

尤其是启动会议这种有各种职位的人参与的会议,年轻人往往会对管理层察言观色,不敢说出自己的心里话。

但如果让所有人"将想法写在纸上"(一下子看不出来是谁的意见),就可以让所有人都能够大胆地说出自己的想法。

我总是给每个人发一本 30 页左右的便签,因为日本人很认真,如果你给他的页数多,他就会努力地写出更多的内容。

使用便签能够比直接进行讨论更全面地整理出课题和工作,

避免出现遗漏的情况。

使用便签还有一个非常重要的原因，那就是节约时间。

如果大家都开始察言观色，提些无关痛痒的意见，这样的会议完全是在浪费时间。

项目就是在与时间赛跑。为了让项目迅速且顺利地开始，必须首先将工作任务全部整理出来。

我在软银工作时曾经发生过这样一件事。

ADSL事业"Yahoo！BB"在提供服务后引发巨大反响，迅速得到了超过100万件申请。

但因为短时间内提交申请的数量太多导致线路开通的速度跟不上，我们相继接到许多客户"申请了那么久一直也没有开通服务"的投诉。

于是孙社长提出"保证在10个工作日内开通服务"的要求。

也就是说，孙社长要向用户宣布"从申请之日起10个工作日内开通服务"这一信息。

当时，我担任"Yahoo！BB"项目的项目经理，全权负责项目相关的一切内容。因此在孙社长提出这一要求之后，立刻着手准备应对措施。

我将这个项目的所有利益相关者都召集到一起，对他们说"为了在10个工作日内开通服务，请写出你们想到的所有课题与风险"。

当时出席会议的有50多人，很快白板上就贴满了便签，我迅速地将便签上的内容整理成必须完成的工作任务。

比如其中一项工作任务是预算的问题。

为了在 10 个工作日内开通服务，就必须对系统进行强化。当时仅凭公司内部的资源做不到这一点，必须委托外部企业协助完成，但这样一来预算就会增加。

为了解决信息系统部门提出的这个课题，我与孙社长进行了交涉，要求增加预算。

最终孙社长在经营会议上同意了增加预算的要求，于是系统顺利地得到了强化，成功地建立起"10 个工作日内开通服务"的体制。

孙社长于 2001 年年末在内部提出"10 个工作日内开通服务"的要求，并且在 2002 年 1 月 28 日就正式向社会公开了这一决定。我们之所以能够在不到两个月的时间内就完成了这个项目，是因为在初期阶段就将所有利益相关者召集到一起，迅速地整理出了所有的工作任务。

这个案例可以充分地说明在初期阶段就将工作任务都整理出来的威力。

计划② 用"名词"明确定义各个工作任务的成果

整理出工作任务之后,接下来就是定义各个工作任务的成果。

这个时候的关键在于用"名词"进行定义。

比如,"竞争对手的顾客满意度的调查报告",或者"应用程序的服务仕样书"。

一定要使用"名词"。

常见的错误做法是用"动词"来定义成果。

比如,"调查竞争对手的顾客满意度"。

如果这样进行定义,在向对方确认成果时,对方可能会回答"是的,我确认了。但还没有总结出报告"。

恐怕很多人都有过类似的痛苦经历吧。如果在期限截止日仍然没有完成工作任务,就会导致项目停滞。

为了让工作能够切实取得进展,必须用"名词"明确地定义成果,项目经理在确认成果的"实物"之后,才能做出"结束"的判断。

或许有人认为这是理所当然的事情,但实际上很多项目都没能将这种做法贯彻执行下去,结果导致项目无法按期完成。

■ 用"名词"而非"动词"明确成果

例 一周后想要知道竞争对手 A 公司的顾客满意度

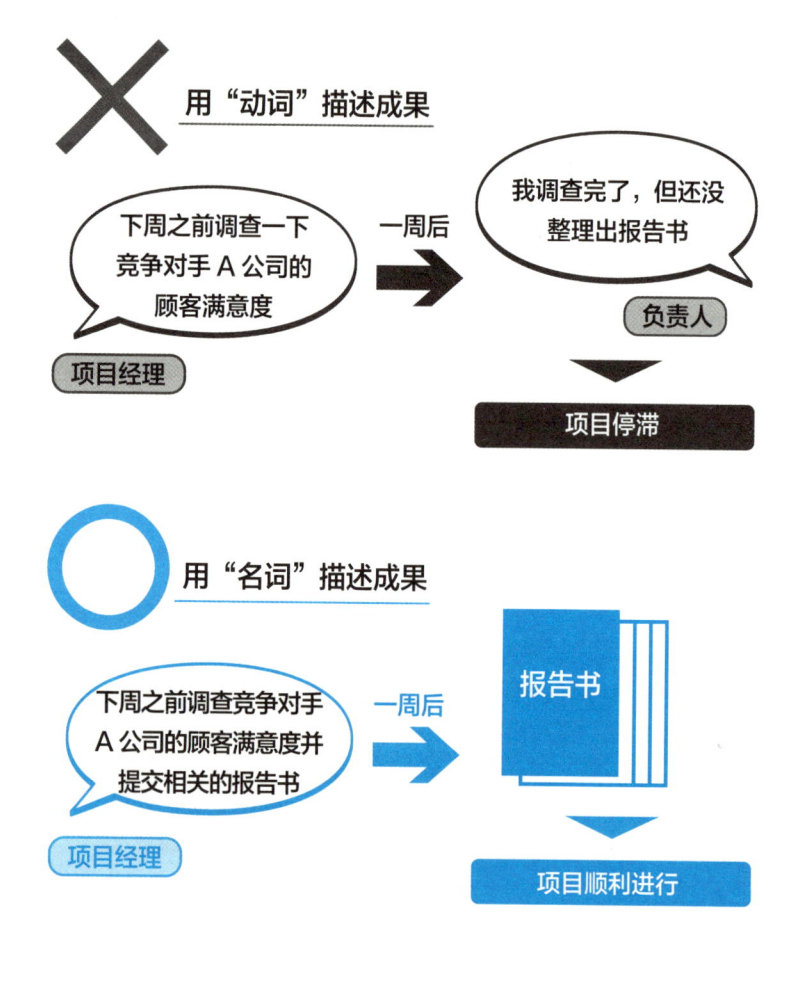

✗ 用"动词"描述成果

项目经理:下周之前调查一下竞争对手 A 公司的顾客满意度

一周后

负责人:我调查完了,但还没整理出报告书

→ 项目停滞

○ 用"名词"描述成果

项目经理:下周之前调查竞争对手 A 公司的顾客满意度并提交相关的报告书

一周后

报告书

→ 项目顺利进行

计划③ 决定各项工作任务的负责人（姓名），与负责人一起制定计划时间表

明确定义工作任务之后，接下来就要决定各项工作任务的负责人。

虽然这也是让人觉得理所当然的事情，但实际上不愿明确决定负责人的企业和组织也不在少数。

为什么呢？因为明确了负责人，就相当于明确了责任的所在。

我曾经以顾问的身份参与过许多企业的项目，发现越是大企业越难以决定负责人。

即便制作了项目的工程管理表，各工作任务负责人一栏也往往是空白的。

即便不是空白的，栏目里填写的也往往不是个人的姓名，而是部门名称。大家都不愿意承担责任。

我建议他们在资料上写明负责人的名字，却遭到强烈的反对。而且这种事不是只发生了一两次，几乎所有的企业和组织都会出现这种情况。

我也通过这种情况深刻地认识到了日本企业在组织体制上存在的问题——没有人愿意以个人的身份承担责任。

但要想让项目能够顺利地进展，必须明确"各项工作任务都由谁负责"，必须决定各项工作任务的负责人。之后将姓名写在管理表等书面材料上。尤其需要注意的是，负责人一栏内不能写部门名，必须写"个人姓名"。

在明确自己承担责任的前提下，任何人都能遵守约定。

项目在某种意义上就是"约定的集合体"。让所有成员都遵守约定，是项目经理最主要的职责。

而明确各个项目的负责人，就是为了履行这一职责的必要条件。

决定负责人之后，需要和负责人讨论完成各项工作任务所需的时间，制定相应的时间表。

因为项目经理对自己没有经历过的作业很难估算出所需的时间，所以必须与负责人进行确认。

如果负责人提出"需要一周时间"，那就以这个时间来制定时间表。接下来项目经理只需要督促对方遵守约定即可。

当然，有的负责人可能比较乐观，提出的期限比较短，结果实际上没能按期完成。而有的负责人比较谨慎，明明只需要一周就能完成的工作，也会要求两周的期限。

项目经理在与各个负责人打交道的过程中，就会逐渐摸清对方属于哪种类型，然后适当地对时间表做出调整。

此外，关于如何让负责人准时完成工作任务，我将在后文中做更加详细的说明。

计划④ 把握工作任务之间的依赖关系，消除多余的依赖关系

决定了各项工作任务的负责人之后，接下来要做的就是把握"工作任务之间的依赖关系"。

在工作任务之中，存在着"前工序不结束，后工序就不能开始"的关系。

比如，企划部门如果不制作出服务仕样书，系统部门就无法开始设计网站，也无法构筑运营系统。

此外，还有存在多个依赖关系的情况，比如"这项工序不完成的话，后续有 5 到 10 个工序都无法开始"。

也就是说，某项关键工序的拖延，会导致整个项目的工作期间不断增加。这项工序也往往是实现项目目标的重要工序。

像这种决定整个项目工作期间长度的一系列工作任务被称为"关键路径"。如果处于这条路径上的工作任务出现问题，整个项目都会因此而拖延，甚至导致项目无法按期完成。

假设某市场营销项目由"制作服务仕样书""开发新网站""印刷宣传手册"3 个主要工作任务组成。

而开发新网站（需要 3 个月）和印刷宣传手册（需要 1 个月）都要在确定服务仕样书之后才能开始。

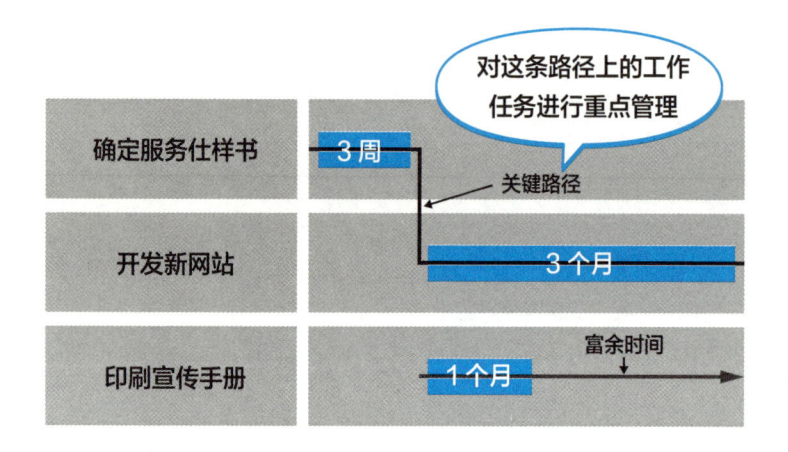

■ 对关键路径进行重点管理

```
确定服务仕样书    | 3周 |
                         ↓ 关键路径
开发新网站              | 3个月 |

印刷宣传手册       | 1个月 | ←富余时间→
```

对这条路径上的工作任务进行重点管理

虽然项目经理应该关注项目的所有内容，但首先要做的是把握关键路径，并将精力都集中在完成关键路径上。

在这个情况下，"确定服务仕样书→开发新网站"就是关键路径。

因为这个路径决定了整个项目的长度。

如果不能确定服务仕样书，网站和宣传手册就都无法开始制作（这两个工作任务都与"确定服务仕样书"存在依赖关系）。

但开发网站所需的时间和印刷宣传手册所需的时间存在着巨大的差异。开发网站需要 3 个月，印刷宣传手册只需要 1 个月，就算印刷手册稍微拖延了一些，但只要能够在网站开发结束之前完成就来得及。

因此，项目经理不必在印刷宣传手册的时间表管理上花费太多的精力。

而另一方面，如果服务仕样书没能及时确定，导致网站开发不能按时开始，整个项目的完成时间都要向后拖延。所以在这种情况下，项目经理要将管理的重点放在"确定服务仕样书→开发网站"这个关键路径上。

在这个例子当中，因为存在的项目数量较少，所以对关键路径进行重点管理的作用可能不是很明显。

但对于存在几十甚至几百个工作任务的大规模项目来说，要想对所有的工作任务都投入同样的精力是不可能的。

在这种情况下，将管理的重点放在关键路径上，保证关键路径上的工作任务不延期，就能对整体的时间表进行有效管理。也就是说，为了合理地对项目进行安排和管理，把握关键路径是必不可少的。

消除依赖关系，就可以让工作任务同时进行

还有一点也非常重要，那就是消除多余的依赖关系。

项目成员经常会提出"如果这件事不决定，我们的工作就无法开始"之类的问题。

但对这样的问题进行仔细分析之后就会发现，实际上两者之间往往并不存在依赖关系。

即便前文中提到的"确定服务仕样书"和"开发新网站"之

■ 找出"多余的依赖关系"！

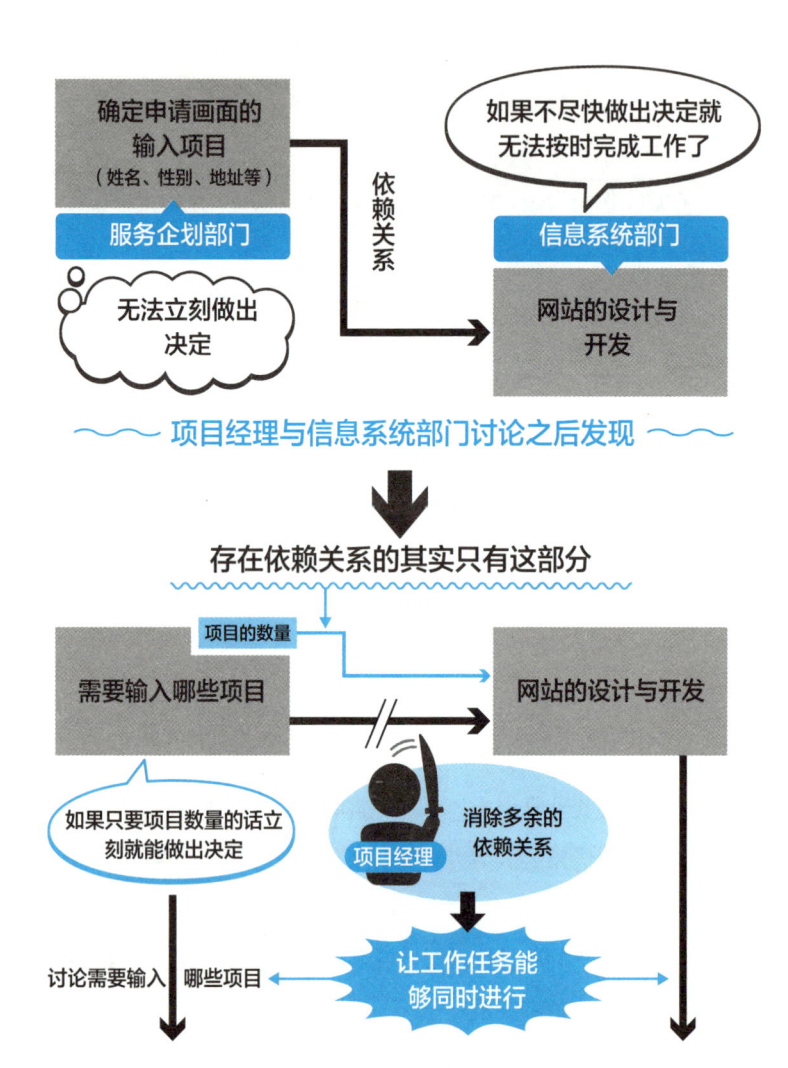

确定申请画面的输入项目
（姓名、性别、地址等）
服务企划部门

无法立刻做出决定

依赖关系

如果不尽快做出决定就无法按时完成工作了
信息系统部门
网站的设计与开发

～～项目经理与信息系统部门讨论之后发现～～

存在依赖关系的其实只有这部分

项目的数量
需要输入哪些项目
网站的设计与开发

如果只要项目数量的话立刻就能做出决定

项目经理

消除多余的依赖关系

让工作任务能够同时进行

讨论需要输入哪些项目

间,只要仔细分析也能够分为"存在依赖关系的部分"和"不存在依赖关系的部分"。

我在软银做项目经理的时候,信息系统部门的负责人对我说:"服务企划部门如果不能决定网站申请页面的输入项目,我们就没办法开始制作。"

也就是说,服务企划部门必须尽快决定用户在网站申请页面需要输入哪些内容,比如"姓名""性别""地址""年龄"等。但对服务企划部门来说,这些信息属于非常重要的内容,不能仓促做出决定。

但我和信息系统部门进行了深入的交流之后,发现只要决定项目的"数量",就可以开始设计网站的申请页面。

然后我又问"如果先设计了10个项目,但实际只使用了8个项目,会出现问题吗",得到的回答是"不会有问题"。

紧接着我找到服务企划部门的负责人,得到"项目数不会超过10个"的回复,于是我就向信息系统部门的负责人做出了设计10个项目的指示。

将工作任务之间多余的依赖关系清除掉,是项目经理的重要职责之一。这样一来,各个部门就可以不必等待前工序完工,同时开展工作任务。

此外,我推荐大家使用"Microsoft Project"这个工具。

只需要输入简单的几个数字,这个工具就可以将项目的关键路径可视化。

虽然这款工具主要面向大规模的项目,在实际的日常工作中

■ 比较有代表性的项目管理工具

Microsoft Project

最基础的项目管理工具。我在软银工作时也常用这个工具。关于这款软件的教材有很多，大家可以参考。

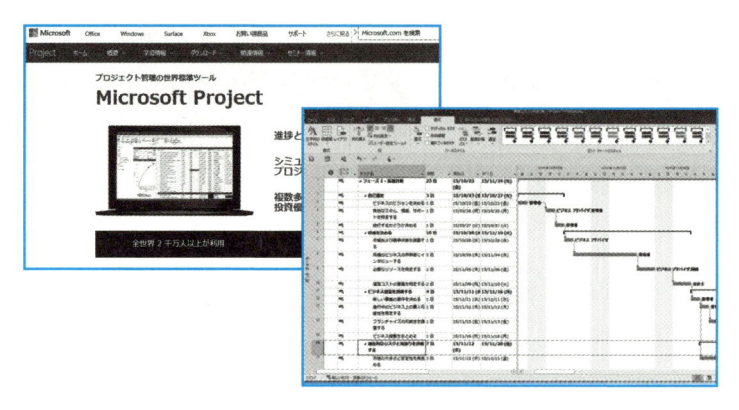

开发里程碑　http://zudajijp.zouri.jp/km/

免费软件，可以通过 Excel 运行。拥有非常丰富的功能，比如"只需要输入开始日期和总天数，就能自动计算出除去节假日之后的结束日期，并用甘特图表示出来""能够以月、周、日、时等单位来进行显示"等。

应用的机会可能比较少，但这款软件可以免费下载试用 30 天，大家不妨下载下来尝试一下，有助于加深对关键路径的理解。

除了"Microsoft Project"之外，还有一个完全免费的项目管理工具，叫作"开发里程碑"。

这款软件可以通过 Excel 运行，用起来非常方便。

使用 Excel 制作项目时间表的时候，这个工具可以为大家节省许多的时间。

计划⑤ 制定项目的整体时间表（项目管理表）

在对项目的时间表进行管理时，最常用的工具是"甘特图"。

甘特图原本是工厂对生产活动进行管理时使用的图表，它的横轴表示时间，纵轴表示工作任务及负责人，使用它可以使各工序的进展情况一目了然。

不过我并不推荐使用甘特图来进行时间表管理。

因为甘特图虽然看上去一目了然，但在实际使用时却非常麻烦。

在立项阶段对工作任务进行整理，思考资源的分配方法时，用甘特图确实比较方便。而在项目执行的过程中，用甘特图对项目的进展情况进行管理则存在着许多的问题。

因为在实际的项目现场，总是会出现意料之外的情况。

比如原本以为只有一个工作任务，但在实际作业的过程中却分成了两个工作任务，或者原本以为完全没有关系的两个工作任务，实际上却存在着依赖关系，结果在实际执行的过程中就要经常对作业内容进行修改。

而甘特图无法将这些实际的改动及时地反映出来。

虽然各项作业的负责人能够第一时间修正自己工序的数据，但用甘特图对整体数据进行管理却要花费相当多的时间和精力。

甚至有些大规模的项目需要安排专门的负责人对甘特图进行管理。

但这样的项目毕竟数量不多,而且对于日常的"项目化工作"来说,本来就没有使用甘特图的必要。

那么,有没有更易于管理和修改的项目管理工具呢?

答案是肯定的,那就是"项目管理表"。

请看下面的示例图,项目管理表的结构非常简单。

只需要在"工作任务名称""成果""完工时间""负责人"各栏目中如实填写上内容即可。需要注意的是,"成果"一栏要写"名词","负责人"一栏必须写"姓名"。

对于项目经理来说,使用这个表格最大的好处就是可以节省时间和精力。

■ 项目管理表的示例图

[管理系统升级项目]

制作时间:2018 年 8 月 21 日　　制作人:山田太郎

工作任务名称	成果	完工时间	负责人
管理系统咨询	咨询对象与咨询项目列表	9月5日	中村
	总结报告	9月12日	中村
选择系统公司	候选企业名单	9月19日	木村
决定升级内容	候选升级内容列表	9月19日	田中
总部长决策	提案书得到总部长认可	9月26日	山田
确定仕样书	得到内部认可的仕样书	10月3日	大泽

如果在每周的例会上都更新这个表格，并且将内容与所有人共享，那么对于"谁，到什么时候，做什么"的最新状况就能一目了然。

在每周一次的例会上更新表格，并且以表格上的时间为基准提交成果。然后在下一周的例会上继续更新表格，再以表格上的时间为基准提交成果……只要不断进行这样的循环，就可以使项目顺利地向前推进。

由此可见，项目管理表具有让成员行动起来的推进力。

将工作任务分解到"能够在一周之内完成"的程度

可能很多人都不知道应该如何对工作任务进行细分和管理。

我的答案是，"以一周为单位进行细分和管理"。

为了让所有的成员都能够按时完成自己的工作任务，使项目能够顺利进展，就必须将工作任务分解到任何人都能够切实完成的程度。

如果将大量的工作任务一下子分配出去，告诉成员"在一个月之内做完"，肯定会有人因为不善于制订工作计划，导致没能按时完成。

但如果将工作任务分解到一周就能做完的程度再安排下去，基本上所有人都能按时完成。

即便是缺乏工作经验的新人，也能够将一周的工作任务安排得井井有条，比如"这份资料下周一要提交上去，所以要在周三之前收集信息，周四开始制作，周五完工"。

这就好像大鸟喂小鸟食物一样，要先用嘴将食物咬碎再喂到小鸟的口中。项目经理为了让工作能够顺利完成，也必须根据对方的能力和经验来分配相应的工作任务。

是否应该给时间表留有余地

还有一点非常关键。

那就是，"不要给时间表留有余地"。

如果留有余地，就会让人失去努力的动力。

软银的传统就是在最短时间内完成工作，所以从不考虑留余地的事情。

孙社长自己就总是在 100% 地全速运转。

不知道为什么很多人都认为"应该给时间表留有余地以防万一"，如果留有余地，最后肯定会将留出来的时间也全部用掉。

"服务在 4 月 1 日上线，为了留有余地，将系统完成的截止日期定在 3 月 15 日。"

如果这样说的话，肯定会有人认为"虽然说是 3 月 15 日截止，但只要在 3 月 31 日之前完成就来得及"。

如果带着这种"完全来得及"的心态工作，万一在过了原定的截止日期之后又出现意料之外的问题导致返工，项目就很容易陷入死亡冲锋的局面。

为了避免出现这种情况,就必须杜绝"稍微推迟一点也没关系"的松懈想法。

当然,可能也有些项目无论如何都需要留有余地。但我个人认为,在绝大多数情况下,都不应该给时间表留有余地。

计划⑥ 与成员共同决定各项工作的"截止时间"

制作出项目整体的时间表之后,就要与每名成员逐一确认各项工作的截止时间。

具体来说,就是根据项目管理表,与每名成员都约定好"在截止日期之前取得这样的成果"。

需要注意的是,在进行这项作业时,项目经理不能站在发号施令的立场上。

项目经理与项目成员并不是上司与部下的关系,所以项目经理对成员并没有命令权和约束力。

因此,项目经理必须与成员达成某种约定关系。

如果对方提出"在这个截止时间之前做不完""预算不够"等问题,项目经理需要与对方一起思考解决方案,争取达成约定关系。

此外,调整截止时间,将工作细分为更少的内容,或者与项目负责人交涉争取追加人员和预算等,也是项目经理的职责所在。

项目就是约定的集合体。

项目的规模越大,持续的期间越长,约定的数量就多。

其中只要有一人不遵守约定,其他人也会相继不遵守约定。

"既然那个人没有遵守时间,那我也没必要拼命努力了。"

"反正那个人到时间也做不完，我也可以拖延一些时间。"

如果大家都这么想，那么好不容易制定的时间表就全乱套了。

为了让项目能够按照时间表顺利进行下去，就必须让所有的成员都做到"绝对遵守自己做出的约定"。

用名词定义成果，用姓名明确负责人，全员共享项目管理表等措施都是实现上述目的的手段。

项目经理需要将自己与成员之间的约定可视化，然后在定期召开的例会上通过项目管理表对成果进行确认，只要建立起这种让成员必须遵守约定的体制，就会使成员产生出"别人都按时完成了任务，我也要遵守约定"的意识。

工作任务的分配原则是"尽量早、尽量少"

项目经理应该尽可能合理地分配工作任务，让成员能够遵守约定。

在分配工作任务时需要注意两点。

第一个是前面提到过的，"将工作分解到该名成员能够完成的程度"。

第二个是"尽可能早一些分配工作任务"。

再也没有比临近截止日期的时候给别人安排工作任务更讨厌的事情了。

对方肯定会说"时间来不及""做不到"。

如果项目经理强迫对方接受工作任务并加班完成，肯定会失去成员对自己的信任，以后更加难以与成员建立约定关系。

为了避免出现这种情况，项目经理必须根据截止日期进行逆推，尽早分配工作任务，给成员留出足够的时间。

比如最终的目标是"制作说明资料"，那么在整个流程中就包括"收集竞争对手的销售数据""向营业部门咨询零售店铺的销售额变化情况""与项目经理讨论资料的方针""写好大致的框架之后让项目经理检查"等工作任务。

项目经理必须计算出各项工作任务大致需要多少时间，然后尽早将第一项工作任务"收集竞争对手的销售数据"安排出去。

这样做还有一个好处，那就是能够极大地减少项目经理的工作量。

因为尽早将工作安排出去，成员就可以尽早地把握项目经理的意图，并且在作业过程中经常对工作的发展方向进行确认，最终取得与项目经理的要求相一致的成果。

如果成员在最后取得的成果与项目经理的预想完全不一致，那么项目经理就要再次对成员下达指示并重新对成果进行确认。有时候项目经理甚至还要亲自去帮忙，平白无故地给自己增加工作量。

由此可见，不管是为了成员还是为了自己，项目经理都要做到"尽量早、尽量少"地安排工作任务。

计划⑦　设定每周一的例会

在计划阶段的最后，需要设定每周一的例会。

具体来说，就是从一开始就将日程固定下来，比如"在每周一的××点到××点，进行××。务必全员出席"。

这样一来就不用经常对时间表进行调整，还可以将"今天有其他的事情，所以无法出席"的情况控制在最低限度。

当然，如果是日常的项目化工作，完全可以在短时间内完成。

但如果是持续一段时间的项目，就必须在每周一对项目的进展情况进行管理。

正如前文中提到过的那样，在一周的时间里，每个成员都能合理地安排自己的工作计划，也更容易制定出在截止日期之前完成工作任务的时间表。

如果要求"两周之内做完"，那么80%的人都不会立刻开始行动，因为大家都认为"时间还很充裕，以后再做吧"。

但如果要求"一周之内必须做完"，就会使人产生出"没多少时间了"的感觉，然后立刻开始行动。

谨慎的人更会产生出"之后或许还会出现紧急的工作任务，所以应该尽快把这个任务完成"的想法。

为了让项目能够尽快完成，每周都对项目进程进行管理是最好的方法。

关于例会的具体执行方法，我将在下一章中详细说明。

在计划阶段，一定不要忘记将每周一召开例会写在时间表里。

第4章

保证项目按期完成的『执行』方法

"进程管理"与"会议"的7个关键

制订完计划之后，项目并不会自己完成。

所以接下来就要进入"执行"阶段。

首先需要注意的是，不管制订了多么周全的计划，实际执行起来都不可能与计划内容完全一致。

工作进展不顺利，出现预想之外的问题等都是十分常见的情况。

正因为如此，项目经理才要在执行阶段随时确认项目进程，一旦发现工作任务出现停滞或迟缓的情况，就要第一时间思考改善方案。

此外，如何让会议充分地发挥作用也是非常重要的课题。

设定例会并使其成为项目的推动力，可以极大地提高项目的效率和品质。

定期的例会可以让你及时应对状况的变化，从而使项目能够以最短最快的路径完成。

不过，最近由于工作方法的多样化，远程办公的人越来越多，想让所有人都齐聚一堂召开会议并不容易。

因此，在本章我将为大家介绍能够实现远程会议信息交换的最新IT工具。

执行① 每周一召开由全体利益相关者参与的"例会"

在执行阶段,项目经理的主要职责是什么呢?

答案是:每周一召开由全体利益相关者参与的例会。

这也可以说是决定项目执行阶段成功与否的关键。

项目经理在例会上需要做的事情是确认各成员的工作进度。

以计划阶段制作的项目管理表为基础,检查各项工作任务是否能够在截止日之前完成。

如果发现有停滞或迟缓的现象,项目经理就要及时地采取措施进行改善。

有时候只需要对成员个人的工作方法进行改善即可解决问题;有时候则需要寻求职能部门负责人的帮助,通过增添人手来解决问题。

不管怎样,通过每周一次的例会,项目经理可以把握项目最新的进展,即便出现问题也能及时想办法解决。

同时,项目经理还要根据项目的最新情况对项目管理表上的数据进行更新。

在例会的最后,项目经理需要与各个成员约定到下次例会之前需要完成的工作。

为什么必须让全体利益相关者都出席会议

在上一章的"计划⑦"中，我说明了"为什么每周一都要召开例会"的理由。

那么，为什么必须让全体利益相关者都出席会议呢？

答案是：为了让所有人都能同时更新信息。

正如我在"立项①"中提到过的那样，项目成员的人数越多，交流渠道的数量就越多。因此，如果让成员各自获取信息，就很容易出现理解错误和交流混乱等问题，最终导致无法收拾的局面。

虽然项目经理能够发挥"信息中枢"的作用，但要逐一与成员进行交流也需要花费大量的时间。

在例会上将所有人都召集到一起，就能同时共享最新的信息。

如果是一对一的交流，很可能出现"与A共享了，但忘了与B共享"的情况，而在例会上共享信息就不会出现上述问题。

此外，出现预想之外的问题时，成员也可以通过例会及时地将问题反映给项目经理。因为报喜不报忧是人类的普遍心理，如果见面的机会少，成员就会因为"下次见面的时候再说"或者"我自己再想想办法"等原因而没能及时地将问题反映给项目经理。

如果事态在这段时期继续恶化，等到项目经理发现的时候，可能已经到了无法挽回的境地。

由此可见，例会是非常有效的项目管理手段。

项目经理如何充分地利用例会，或者说在例会上采取了什么行动，直接决定了项目整体的效率和品质。

在本章中，我将为大家介绍充分利用例会使项目顺利进展的方法。

此外，虽然原则上来说应该让所有利益相关者都出席例会，但每次都让项目负责人出席是非常困难的，也是不现实的。

即便如此，每隔几次也要争取让项目负责人出席一次。因为负责人出席会议能够向成员传达出"负责人对这个项目非常重视"的信息。

一旦知道负责人也在关注项目的进展情况，成员就不敢在工作中偷懒，也不会出现"稍微拖延一点也没关系"的想法。

执行② 确认项目管理表与各成员取得的成果之间的差异

接下来，我具体地说明一下项目经理在例会上需要做的工作。

首先是根据项目管理表上的内容，确认各成员是否按时完成了任务。

"计划"与"实际情况"之间是否存在偏差——这是项目经理必须把握的关键。

在实际工作过程中，有的成员可能会擅自改变截止时间和成果。

"工作比预想中的要麻烦，截止日期稍微往后拖延一点也没事吧。"

"虽然项目经理要求收集排行前十的企业数据，但因为时间紧迫，只收集前五名的企业吧。"

在任何项目之中都难免出现一两个根据自己的情况擅自改变约定内容的成员。如果对这样的人置之不理，就会有越来越多的人效仿，最终导致局面失控。为了防止出现上述情况，项目经理必须通过例会对成员的行动进行监控。

当发现计划与实际情况之间存在偏差时，首先要准确地把握导致出现偏差的原因。

如果是项目整体的工作方法存在问题，或者因为预算、人员等资源不足导致的问题，我将在下一节"执行③"中为大家说明具体的解决方法。

有时候是因为个人的原因导致计划与实际情况出现偏差。比如成员工作积极性下降，能力或经验不足等导致没能按照约定完成工作。

在这种情况下，项目经理不必想着"我要亲自出马，提高成员的工作积极性，帮助成员提高工作能力、积累工作经验"。

为什么呢？因为项目经理没有人事权和评价权。

只有成员的上司和职能部门的负责人才有这些权限。

因此，项目经理能做的，只有将成员的实际工作情况反映给职能部门的负责人。

让职能部门的负责人想办法解决这个问题，有必要的话还可以提出更换成员或者增加人手的要求。这才是正确的解决办法。

关于这个问题，我将在后文中详细解说。

执行③ 出现"延迟"问题的时候，要采取应对措施

不管在立项和计划阶段准备得多么周全，在实际的执行阶段都可能出现延迟的情况。

而且就算没有延迟，有时候也可能会发现"无论如何都无法按期完成任务"。毕竟项目做的是之前从未做过的工作，所以出现意料之外的情况也是理所当然的。

为了不让"延迟"影响到项目的整体时间表，项目经理必须及时采取应对措施。尤其是避免让关键路径所需的时间延长。

一旦出现延迟的情况，首先可以试着将出现问题的工作任务进一步分解。

如果是与关键路径相关的工作任务，可以参照"计划④"的内容，思考是否能够对"依赖关系"进行拆分。

比如，在这个工作任务之中，A 部分与下一项工序存在依赖关系，必须尽快完成。而 B 部分与下一项工序没有关系，可以将截止日期延后。所以先将资源都集中在 A 部分，争取尽快完成。

正如第三章中的那个例子一样，面对"服务仕样书没做好，就不能开始网站设计工作"的状况，只要将"制作服务仕样书"

的工作进行分解，先完成"确定申请页面输入项目的数量"这项工序，就可以开始网站设计的工作。

我的公司是如何实现"加班基本为零"的

将工作任务分解之后，还可以考虑将分解后的工作任务安排给时间比较充裕的成员。

因为项目的目标需要整个团队一起完成。

所以，工作任务的延迟并不只是一个人的问题，而是需要大家来一起共同承担的问题。

不管多么繁忙的项目，也不可能所有成员都在同一时间满负荷运转。

如果在相同的时间里，A 的工作任务是 120%，而 B 的工作任务是 80%，那么将 A 多出来的 20% 工作分给 B，就可以使两人更加合理地安排工作时间。

这样做不但能够让成员按时完成任务，还能使整个团队的生产效率提升到最大。

我在经营的 TORAIZ 公司，会要求所有成员在早会上说明自己当天的工作安排。

如果有人的工作负担较重，我就会将他的工作任务分一些给时间有富余的人。有空闲的人也会主动申请帮他人分担工作。

"我今天下午 3 点开始有半小时的空闲时间，我来负责会议

■ 工作任务出现延迟时的应对方法

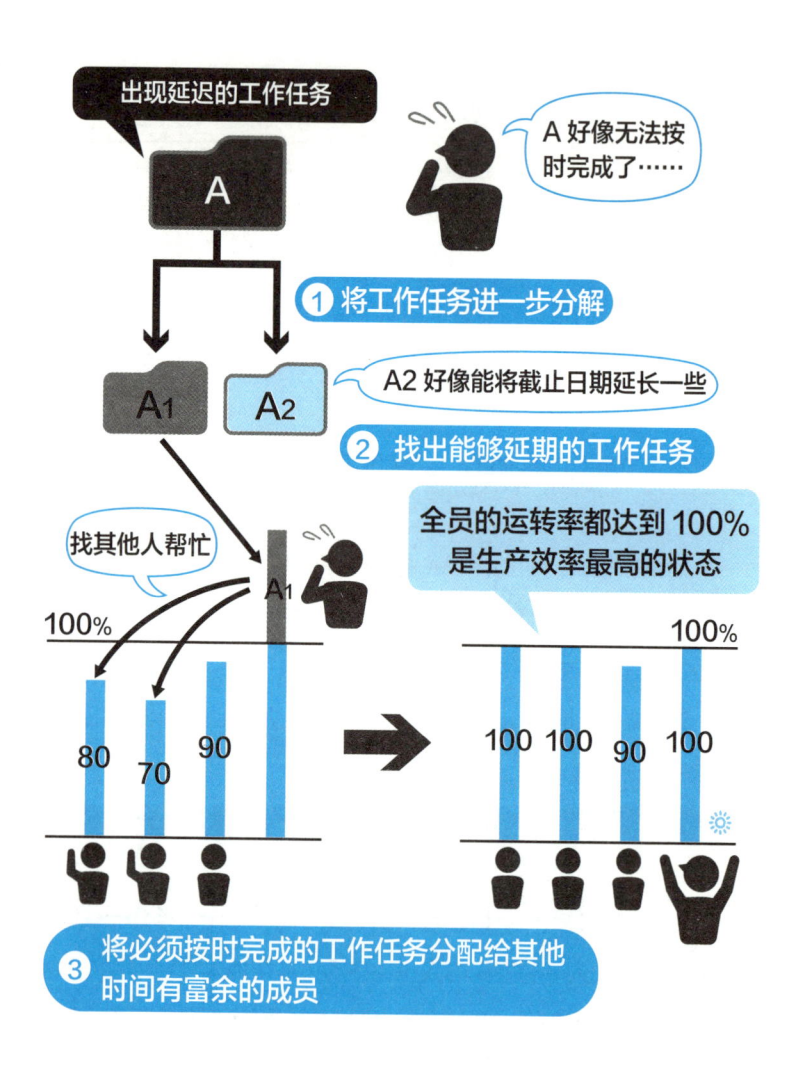

出现延迟的工作任务

A

A 好像无法按时完成了……

① 将工作任务进一步分解

A_1 A_2

A2 好像能将截止日期延长一些

② 找出能够延期的工作任务

找其他人帮忙

A_1

全员的运转率都达到 100% 是生产效率最高的状态

100%　　　　　　　　　　　　　　　100%

80　70　90　　→　　100　100　90　100

③ 将必须按时完成的工作任务分配给其他时间有富余的成员

准备的工作。"

"我下午 4 点的预约取消了,我可以去接待顾客。"

……………

早会还给大家提供了一个集思广益的平台,可以让大家一起想办法解决那些独自一人没办法解决的问题。

比如有人说:"顾客提出了这样的问题,我不知道应该如何解决。"

于是就会有人告诉他:"以前我也遇到过类似的情况,只要这样回答就好。"像上面这样,将团队成员的时间和智慧平均化,尽可能让每个人都 100% 地运转起来,就可以提高整个团队的工作效率。

通过这些方法,我的公司基本上实现了"零加班"。

去年 TORAIZ 中心的加班时间为平均每个月 4.08 小时。以每个月工作 20 天来算,平均到每天的加班时间只有 12 分钟。

要想减少加班,"齐心合力"比"个人努力"更重要

最近在"工作方法改革"的呼声下,很多企业都提出"减少加班"的口号。但绝大多数的人都只想着"如何尽快做完自己的工作",至于他人的工作,则认为是别人的责任,与自己无关。

个人的努力是有极限的。就算一个人拼命努力,能够将原本需要 10 分钟的输入工作缩短到 8 分钟,但要想让他"在 1 分钟

之内做完",是无论如何都不可能的。可如果将同样的工作任务分配给 10 个人去做,就能够在 1 分钟之内完成。

真正的工作方法改革,不是依赖于个人的努力,而是通过对工作机制和资源分配的调整来提高工作效率。

在项目之中,项目经理就要发挥这样的作用,促进成员间的相互合作,建立起有助于成员共同努力完成工作的环境和机制。

当然,就像我在"执行②"中提到过的那样,有时候工作的延迟完全是个人的问题所导致的,必须具体问题具体分析。

执行④　确认下一周的各项工作任务

解决了工作任务延迟的问题，对时间表进行调整之后，就要对下一周各项工作任务进行确认。

在这个时候需要做的事情与"计划⑥"的作业相同。

根据新设定的截止日期和成果，与每一名成员建立"在截止日期之前取得这个成果"的约定。

然后在一周之后的例会上，再次重复"执行①—④"。

这个循环就是执行阶段的基本内容。

与全体成员建立约定之后，例会的最后一个环节就是更新项目管理表的数据。

每周在例会时更新项目管理表的内容并全体共享，保持所有成员手中的数据永远是最新的。

绝对不能让成员各自更新数据。

因为这样很容易造成混乱，比如"那件事不是应该 A 去做吗""管理表上不是说这件事由 B 负责吗"，如果全体成员没有统一的认知，就会使项目难以顺利进行下去。

请务必牢记，更新项目管理表是项目经理最重要的工作任务之一，绝对不能怠慢。

执行⑤　应对项目经理权限内无法解决的问题
（"能够立即展开行动的会议"的5个技巧）

即便在例会上对工作任务的分配进行了调整，大家一起集思广益地想办法，有时候仍然会遇到无论如何都无法解决的课题。

这些课题属于"项目经理权限内无法解决的问题"。

因此，应该立即与拥有解决问题权限的人进行交涉。既然仅凭项目经理一个人的力量无法改变现状，那就应该尽快采取行动。

比如信息系统部门成员负责的工作任务出现了延迟。

在这种情况下，需要与信息系统部门的负责人进行交涉，让他继续增派人手支援项目。

如果对方说无法继续增派人手，那就拜托他用部门的预算将一部分业务外包出去。

如果对方继续说预算也不够，那这个问题就属于连职能部门负责人的权限也无法解决的问题。因此，必须找到拥有更多权限的项目负责人说明情况，寻找解决的办法。

在这个时候，关键在于分清品质、期限、成本的优先顺序。

"如果追加预算将系统开发的工作外包出去，就能够在期限之内完成项目。如果不追加预算的话，就要将期限延长一个月。

这个项目应该优先哪一个呢？"

像这样将情况介绍清楚，接下来就要等待项目负责人做出判断了。正如我在第二章中提到过的那样，如何在品质、期限、成本三者之间找到平衡，最终是由项目负责人决定的。

如果负责人说"期限延长一些也没关系，控制在预算之内"，那就照他说的做。

凡是项目经理权限之外的问题，都要找拥有相应权限的人做出决定。这是最基本的解决问题的方法。

除了像上述这样只需要找个别职能部门的负责人进行交涉就能解决的问题之外，还有需要将许多人召集到一起通过会议讨论才能做出决策的问题。

比如，某个问题存在多个拥有权限的人，或者必须邀请企业外部的人来提供建议才能做出判断等，都属于这种情况。

在这种情况下，务必要在会议上当场得出结论，并且在会议结束之后立即开始行动。

日本的企业经常召开讨论了半天却没有做出任何决定的、浪费时间的会议，一定要避免出现这种情况。

接下来，我就将为大家介绍"能够立即展开行动的会议"的5个技巧。

这些技巧当然也能应用在例会上。

> **能够立即展开行动的会议的技巧**
>
> **1** 召集所有拥有决策所需"权限"和"信息"的参与者
>
> **2** 明确会议的议题，事先与参与者共享
>
> **3** 将会议内容分为"报告""决定""待定"
>
> **4** 明确"谁""到什么时候为止""做什么"
>
> **5** 在会议的最后，全员共享会议记录
> （在会议记录上写明"分发对象""出席者""制作者""制作日期"）
>
> 立即行动！

能够立即展开行动的会议的技巧①

召集所有拥有决策所需"权限"和"信息"的参与者

做决策需要"权限"，而做出判断则需要"信息"。

因此，要想在一次会议上当场得出结论，就必须让拥有必要权限和信息的人都出席会议。

也就是说，让"什么人出席会议"是会议的关键。

"关于这件事，必须让信息系统部门、营业部门、合规部门的负责人全部到场才能做出判断。"

"关于这件事，必须找外包公司获取信息才能做出判断。"

这样思考是为了找到得出结论需要的权限和信息，然后逆推出应该邀请哪些人出席会议。

如果必要的人物没能出席会议，就无法在这次会议上当场得出结论，需要再次召开会议，白白浪费时间。为了避免出现这种情况，务必认真地进行会议准备。

能够立即展开行动的会议的技巧②
明确会议的议题，事先与参与者共享

在召开会议之前，务必明确"这次会议要讨论什么议题"，并且事先告知出席者。

在会议的一开场，同样要开门见山地提出会议的议题。

因为日本人都习惯了那种"没有明确主题，莫名其妙结束"的会议，所以项目经理作为会议的举办者必须非常明确地将"在会议上务必针对这个主题得出结论"的信息传达给所有人。

能够立即展开行动的会议的技巧③
将会议内容分为"报告""决定""待定"

因为在会议上会提出各种各样的意见，很容易出现信息混乱的情况。即便是同一件事,每个人的理解也可能是不同的。

有的部门认为已经"决定"的事项并开始行动,其他的部门却认为"还没有正式决定""负责人没有正式宣布 OK",而迟迟没有开始行动。这样的情况在任何企业中都十分常见。

一旦出现这种理解上的偏差,就很容易导致返工。

为了防止出现这种情况,项目经理应该将会议上提出的内容分为"报告""决定""待定"进行整理。

在制作会议记录的时候,需要标明各个项目属于上述三种的哪一种。

报告:期间限定的促销活动获得新顾客 1.8 万人

决定:延长促销时间(到今年 6 月 30 日为止)

待定:批准延长促销时间的预算

当然,也要尽快召开将"待定"变为"决定"的会议。

能够立即展开行动的会议的技巧④

明确"谁""到什么时候为止""做什么"

项目经理必须明确最终由"谁""到什么时候为止""做什么"。这件事不但要在每次的例会上进行确认,在召开其他会议的时候也要进行确认。

此外,在会议记录上也要和项目管理表上一样,将"成果""负责人""截止日期"都明确地写出来。因为如果不明确上述内容，就无法促使人采取行动，所以不管任何会议都应该尽可能地落实到纸面上，实现可视化。

能够立即展开行动的会议的技巧⑤

在会议的最后，全员共享会议记录

可能有人认为"会议记录应该在会议结束之后制作，然后再发给出席者"，但为了让会议上做出的决定能够立即执行，会议记录也必须在会议进行的过程中同步完成。

现在有很多可以即时制作会议记录的工具，所以要想实现这一点并不困难。

如果有投影仪能够将会议记录的内容显示在白板上，项目经理就可以在会议进行的过程中与全员共同确认决定的内容，保证所有人都达成一致之后，将会议记录打印出来。

还有一种更简单的信息共享方法，那就是用手机将白板上的内容拍摄下来，然后直接将照片发送给各个成员即可。

此外，项目经理也可以将精力都放在主持会议上，将制作会议记录的工作交给其他人来完成，最后由全体成员对内容进行确认。

总之不管采取上述哪种方法，都要保证在会议结束时能够将会议记录的内容与全员共享。

在会议记录上,需要写明"分发对象""出席者""制作者""制作日期"等内容。

会议上决定的内容是只有出席者知道,还是包括项目负责人和职能部门的负责人在内都知道?在这两种不同的情况下,出席者的工作态度也会发生不同的改变。

比如在后者的情况下,出席者会认为"既然负责人也知道,那我一定要按时完成任务",所以在制作会议记录的时候,一定要将分发对象写清楚。

其次是写明"出席者"的姓名,这样有助于确认会议的决定是基于哪些权限和信息做出的。

当相关部门的负责人说"我没听说过这件事"的时候,还可以出示会议记录告诉对方"课长代替部长出席会议时说了没问题",保证会议的决定都能够顺利地执行下去。

"制作者"的姓名和"制作日期"是为了明确职责所在而必须记录的内容。虽然这是制作会议记录时基本中的基本,但却经常遭到忽视,所以请一定注意。

执行⑥　充分利用各种各样的工具让项目顺利进行

接下来，我将为大家介绍几个能够进一步提高例会效率的工具。

为了让项目顺利进行，必须提高例会的效率。

最近由于工作方法改革，想要将所有的相关者全都聚集在一起召开会议变得非常困难。有些成员因为需要照顾老人或小孩而只能缩短出勤时间或者干脆在家办公，还有的时候需要在外地或海外分公司的成员参与会议。

在这个时候，使用以下工具可以极大地提升会议的效率。

Zoom

"Zoom"是非常方便的在线视频会议系统，可以让身处不同地方的人一起召开会议。

只要有电脑、平板电脑或者智能手机就可以参与会议，最多支持100人同时在线。音质和画质比 Skype 更好，连接也非常稳定。

在这个系统中可以共享 PPT 和白板，可以一边添加、修改内容一边讨论。

会议的参与者无须支付任何费用，只需要管理者注册一个账号，每个月支付 15 美元即可，成本非常低。

我的公司就经常使用 Zoom 召开在线会议。此外，每个月一次面向员工的英语培训，也是通过 Zoom 进行的。

利用在线会议工具，就可以让在家办公或在外地的成员也能参与例会。在希望企业外部的搭档或客户参与会议时，也能更容易邀请到他们。

为了节省时间、提高项目的整体效率，请充分利用这个工具。

云端会议室

云端会议室是可以多人在线语音聊天、共享文件，以及对工作任务进行管理的工具。

因为具有给成员安排工作任务、确认成员是否完成任务等功能，非常适合项目经理进行工作安排。

这款工具还可以设置分组聊天，让负责不同工作任务的成员可以在自己的分组里进行讨论和交换信息。

- 可以进行"在线会议"的工具

Zoom　　http://zoom.us/

我的公司也经常使用这个在线会议系统。音质和画质都很优秀，连接也非常稳定，除此之外还有"支持100人同时在线""不需登录""全员都可以添加和修改内容的在线白板""画面共享""一键录像"等非常方便的功能。

Mural　　http://mural.co/

在线共享白板系统，参与者可以自由地在白板上粘贴图片和文档，在成员无法聚集在一起时，可以用这个在线白板系统来召开会议。

我为什么几乎不用电子邮件

我最近几乎不怎么用电子邮件了,主要用云端会议室和脸书的短消息来进行联系。因为后两者比电子邮件用起来更方便,而且反应速度快。而且由于这些工具不支持输入太多的字符,还能够从根本上避免内容过于冗长的问题。

现在还有很多职场将电子邮件作为最基本的交流手段,但反复用邮件进行交流非常浪费时间。所以对于自己的项目,应该要求成员"尽量缩短邮件内容,复杂的事情最好当面或者用电话解决"。

说起来,孙社长也经常提出"不要反复用邮件交流3次以上"的要求。

■ 可以进行"在线会议"的工具

云端会议室　http://go.chatwork.com/ja

对于公司内部的交流来说,使用聊天工具比邮件更加有效率。我的公司常用"云端会议室(chatwork)"这个工具。这款工具可以按照项目和工作任务设置分组聊天,让成员在自己的分组里进行讨论和交换信息。会议记录也可以放在这里。

Slack　http://slack.com/intl/ja-jp

这也是非常著名的商务用聊天工具(云端会议室是日本企业开发的,Slack 是美国开发的)。顺带一提,Slack 得到了软银集团 2.5 亿美元的投资,所以得到了业界的关注。

执行⑦　将成果交给负责人，对项目进行评价

项目顺利结束之后，还有两项工作需要完成。

那就是"将成果交给负责人""对项目进行评价"。

项目结束后，项目经理要将报告书和会议记录等成果交给负责人。

这些成果之中凝聚着通过项目获得的宝贵经验和知识，应该作为贵重资产妥善保管。

这样在下次的项目中，就可以利用之前的经验，高效地实现目标。日本企业之所以成长速度缓慢，就是因为对这类贵重资产缺乏有效的管理。

好不容易积累下来的宝贵经验，如果不能作为组织的知识财产积累下来，组织就无法使 PDCA 顺利运转，导致总是在同一个地方徘徊不前。

为了让项目取得的成果能够切实地推动组织成长，最后一定要将成果交给负责人。

对项目进行评价也同样重要。回顾项目中成功和失败的地方，总结经验和教训，它们会成为下次进行项目时宝贵的财富。

获取反馈的方法非常关键。很多企业习惯在项目结束后召开反省会，我不推荐这种方法，这样做最后很容易出现互相指责的

情况。

因为反省会关注的重点集中在"失败"上,比如"为什么会出现那样的错误""应该避免出现那样的问题",结果大家就很容易暗自责备出现失误的成员和相关者。如果想从成员和相关者那里获得反馈信息,最好采取问卷调查等方法。

获得反馈信息之后,将通过这次项目获得的知识和经验标准化是最理想的做法。标准化之后,就可以将这些经验分享给其他人。

如果只有项目经理个人通过积累经验成为项目管理的专家,当这个人离开之后,组织中就再也没有经验保留下来。

通过项目获得的经验不能只属于个人,而是要将其变为整个组织的财产,这也是激发日本企业活力的关键。

将各成员的工作情况和贡献如实地报告给他的上司

项目经理还要将各成员的工作情况和贡献如实地反馈给各职能部门的负责人。

在这个时候,应该特别强调成员的积极贡献。

比如"他发挥了这样的能力""他在这种情况下为团队做出了巨大贡献"。部门负责人会将项目经理的话转达给成员本人,这样成员也会切实地感到"我的工作都被项目经理看到眼里"。

而且知道自己在项目中做出的贡献被如实地反馈给了自己的

上司，成员也会对项目经理更加信赖。如果下次还有机会一起参与项目的话，也会全力以赴。

不管是为了自己未来的工作更加顺利，还是为了组织的成长，身为项目经理都应该将项目最后的收尾工作做好。

第5章

解决『意料之外问题』的实战经验

项目经理的"常见问题"

从第二章到第四章，我为大家介绍了项目经理的基本工作方法。

　　通过这些方法，不只特别的项目，即便是日常中的"项目化的工作"也能极大地提高工作效率。

　　但在实际的项目现场，经常会出现一些仅凭基本的工作方法无法解决的意料之外的事态和问题。

　　对于经验尚浅的项目经理来说，一旦处理不好很可能给身心都造成沉重的负担。结果使大家都产生出"项目经理是个苦差事"的印象，更没有人愿意出任项目经理的工作。

　　我曾经在许多项目中出任项目经理，还受聘担任许多项目管理的顾问。

　　还有很多人找我咨询关于项目经理工作上的问题。

　　根据这些经验，我总结出项目经理经常遇到的一些问题。对于缺乏项目管理经验的人来说可能是"意料之外"的问题，但对我来说，很多都是司空见惯的场面。

　　因此在本章中我就将为大家解答这些项目经理"常见问题"。

Q1 不管怎么提防,都无法避免"权威之声",这个时候应该怎么办呢?

A 有时候需要与项目负责人战斗。我也经常和孙社长争论。

项目经理有时候需要与项目负责人战斗。

"根据现场的实际情况,我已经做出了这样的决定。"

如果你有这样说的信心,那就将自己的想法准确地传达给负责人。

如果"权威之声"没有正确的根据,就应该对其进行反驳。

即便最后必须按照权威之声的要求去做,也要展现出"自己作为项目经理要按照正确的流程履行职责"的态度。

当然,我也经常和孙社长发生争论。

恐怕在软银史上和孙社长争吵次数最多的人就是我了。

"三木,我想到个好主意。马上照我说的去做!"

"不不不,请等一下!现场已经按照你上次确认过的方式开工了。如果想让项目按期完成的话,就必须增加预算和人手!"

这样的场面时有发生。

我与孙社长之间的争执,主要就是围绕着"品质""成本""期限"这三点,交涉的内容大体上都是"如果不改变这三者之间的平衡,就无法实现孙社长要求的内容"之类。

如果每当出现"权威之声",项目经理就无条件接受,那么

■ 正确应对"权威之声"的方法

✗ 无条件接受

"权威之声"

负责人

项目经理 "是，立刻照做……"

↓

现场一片混乱

○ 确认"品质""预算""期限"的优先顺序

负责人

品质 预算 期限

项目经理 优先哪一个？

现场一定会陷入混乱。

虽然正因为有像孙社长这样拥有强大推动力的领导者，软银才能接二连三地开展史无前例的商业活动。而且孙社长的许多"权威之声"都是非常准确的判断。

但在实际执行项目的时候，不仅要有"推动者"，还要有"阻止者"。

判断负责人下达的指示是否正确，如果发现对方做出了错误的判断，就要大胆地与之对抗。

这也是项目经理的重要职责。

不能发挥阻止作用的项目经理很容易失去成员的信赖。

"这是负责人的要求，请大家尽快完成。"

如果每次都这样强行将工作任务推给现场人员，他们肯定会对你敬而远之。

特别需要注意的是，与负责人进行交涉时，绝对不能将做不到的原因推到成员的身上。

比如"信息系统的工作总是拖延，项目大概无法按时完成"。

这种将责任转嫁给成员的项目经理，很难得到成员的信赖。

不管是期限、品质还是成本，如果存在无论如何都难以实现的情况，项目经理需要向项目负责人如实汇报。

在面对负责人的"权威之声"时，项目经理一定要自己承担起责任与对方战斗。

Q2 在人手明显不足的情况下，负责人却说"到处都人手不足，你们自己想想办法"，这个时候还应该坚持要求增派人手吗？

A 绝对不要轻易做出承诺。项目经理要善于"把球扔回去"。

在这种情况下，如果项目负责人在组织内拥有强大的权限，还是应该先跟对方战斗。

"仅凭现在这些人手无法完成这么大的工程。能不能用负责人的权力让各部门配合一下。"

像这样先提出增派人手的要求是最基本的应对方法。

但有时候项目负责人并没有那么大的权限。

比如服务企划部门的部长是项目负责人的情况，他的权限无法影响到信息系统部门的人员。

在这个时候，项目经理就需要找到信息系统部门的部长，请求他增派人手。

"仅凭现在这些人手需要六个月才能完成任务，但我们希望能够在四个月之内完成。从任务内容来看，必须再增加三个人才能按时完成，可以再给我们支援三个人手吗？"

进行交涉时要像这样将期限和工作内容描述得具体一些。

如果对方不同意增派人手，那就只能想办法推迟期限或者调整品质。

但这些措施都需要负责人做出决定，所以必须再次找到服务企划部门的部长确认。

"我与信息系统部门的部长谈过了，但没有得到增援。如果只凭现在的人手，要么将期限延长到六个月，或者在期限不变的情况下先推出测试版，两个月之后再对其进行升级，只有这两种选择。您看应该怎么办？"

也就是说，将球再扔回给项目负责人。

因为你已经完成了项目经理权限之内的全部职责，剩下的就是项目负责人的责任了。

这时，项目负责人就要承担起自己的责任，可能会亲自去找信息系统部门的部长进行交涉。

如果连项目负责人也交涉失败，那他就要考虑是应该延长"期限"还是调整"品质"。

但不管怎样，这些都不是项目经理职责范围内的工作了。

项目经理只能遵从上面的决策，并按照要求执行。

绝对不要尝试去解决超出自己权限范围的事情。

没有权限的项目经理与拥有权限的对手战斗，只能一败涂地。

如果遇到自己的权限之内无法解决的问题，就将这个问题交给有权限的人去解决。

或许有人认为"上头下达的任务，无论如何都要完成"，但这种想法其实是错误的，身为项目经理，绝对不能轻易地做出承诺。

身为项目经理,应该善于将自己无法解决的问题扔回给对方,充分利用有权限的人帮助自己解决问题。

将自己解决不了的问题交给有权限的人去解决,而项目经理则应该将精力集中在现场的管理上。

让上面的人自己做决定,然后项目经理按照命令执行,这样上面的人就不会因为项目经理擅自做出与自己意见相左的决定而发出"权威之声"。

不管是为了避免承担多余的责任,还是为了减轻自己的负担,项目经理都应该时刻注意权限的范围和所在。

Q3 向身为项目负责人的社长提交了项目章程,但最初分配的预算和人手都不够,项目经理的提议又被驳回,应该怎么办?

A **让社长承担责任。避免项目经理独自承担责任。**

首先尝试通过客观事实说服社长。

将项目的工序细分化,用数字说明各个流程分别需要多少资源。

要想说服对方,不能靠热情和恳求,而是要靠"数字"。如果过去有同样的事例可以作为参考,也要拿出具体的数值来进行说明。

此外，在说明的时候不能只有项目经理一个人，还要让相关职能部门的部长也到场，与项目负责人一起共享资源不足的状况。

比如项目负责人要求营业以极短的交货期获取订单，那就让营业部门的负责人也一同出席，用事先准备好的数字来传达"什么地方还存在哪些不足"的客观事实。

并且当着营业部门负责人的面，对身为项目负责人的社长表明"如果这样下去，肯定无法按期交货，订货方可能会对我们提起诉讼。如果不继续投入资源，就无法回避这种风险，社长您看怎么办"，催促对方做出决定。

如果社长仍然拒绝投入资源，那么当订货方真的提起诉讼时，就会由社长来承担责任，而不是由项目经理来承担责任。

如果只有项目经理和营业部门的负责人来交涉这件事，一旦出现失败，最后全部的责任都会被推到项目经理的身上。

虽然在预算和人手不足的情况下就贸然开始项目的情况屡见不鲜，但身为项目经理绝对要避免的是不能只让自己承担全部的责任。

Q4 上司让自己去做明显不会成功的项目,应该怎么办?

A 上面的人可能不清楚具体的情况,身为项目经理需要自下而上传达信息。

如果上面下达了明显不会成功的项目,一般都是因为上面的人对具体情况缺乏了解。

在组织中身处的地位越高,对现场的了解就越少,所以往往无法正确地把握成本和风险。

这时候就需要项目经理出场了。

身为最了解现场的人,应该自下而上传达信息,提出你对"品质""期限""成本"的正确判断。

在保证项目负责人充分理解项目的具体情况之后,再开始制作项目章程。

然后给项目的目标留出几个选项,比如:

①外包给大型系统开发公司,期限一年、预算 3 亿日元。

②自己开发:期限一年半、预算 2 亿日元。

接下来只要让负责人自己决定选择哪个目标即可。

当负责人掌握了正确信息之后,也可能会说"我要再考虑考虑是否有必要花费这么多预算来做这个项目"。

不管怎样,首先都要根据现实的信息,让负责人对项目有一个正确的认识。

此外，针对项目的"品质"与负责人进行协调也非常重要。

在项目的三个要素之中，项目经理往往比较关注期限和成本，而忽略了在"品质"的问题上与项目负责人进行协调。

但在优先期限和成本的前提下，更应该注重对品质的调整。

比如开设新店铺的项目，首先要找到一个合适的场地，但符合条件的场地完全是可遇而不可求的，所以场地一直无法决定下来，而时间却在一天一天地过去。如果一直这样下去，恐怕就无法在预定的时间开业。

在这种情况下，项目经理需要与项目负责人针对品质的问题进行协调。

"如果想按期开业，是否应该稍微下调一些对场地的要求。"

"我发现了一个功能性比较强的写字间，是否可以先在那里进行一下试营业。"

像这样进行交涉，对方可能会很痛快地答应下来："这次要按期开业，总之先找个地方就行。"

或者结合更加具体的信息提出其他的选项，也可能让负责人改变想法。

"您让我在山手线沿线找场地，但我对中央线沿线的客流量进行了调查，发现了几个和山手线客流量差不多的车站。在中央线沿线附近有几个比较好的场地，您看对开店的区域进行一下调整可以吗？"

如果这样说的话，负责人可能也会做出"在中央线附近开店也不错"的判断。

我再强调一遍，项目经理并不是不管什么事都完全按照上面的吩咐去做。

项目经理的职责是让项目顺利地进行下去。因此，要引导项目负责人提出能够在现场执行的条件。

Q5 项目负责人的背后还有"垂帘听政"的上司，无法与真正的负责人进行直接交流的情况下，应该怎么办？

A 提交项目章程，留下"得到负责人认可"的证据。

这个问题也可以通过制作项目章程解决。

如果只能通过代理人间接地与项目真正的负责人交流，仅凭口头进行信息的传达和共享非常危险。

为了避免事后出现纠纷，一定要将信息交流和共享的内容写在纸上。

如果在例会上做出了新的决定和变更，就要立即更改项目章程并提交给代理人，委托其获得真正负责人的认可。

如果真正的负责人不愿意出席会议，就必须让对方知道"你同意项目章程的内容，就代表同意项目内容"。

如果只提交会议记录，可能会让对方觉得这只是普通的报告，事后仍然可能以"我没有做出过这样的决策"为借口，将项目推倒重来。

越是负责人不直接参与项目的情况,越需要通过项目章程来留下"得到负责人认可"的证据,防止出现"权威之声"。

Q6 存在多个项目负责人的情况下,应该如何应对?

A 创造一个让所有负责人齐聚一堂共同做出决定的机会。

在第二章中,我提到过项目负责人应该只有一个人。

但在现实当中,可能会出现无论如何也无法限定一名项目负责人的情况。

在我担任项目经理的收购日本债券信用银行的项目中,就有软银的孙正义社长、ORIX 的宫内义彦会长(时任),以及东京海上火灾保险的樋口公启社长(时任)三位项目负责人。

在多个企业进行合并和合作的项目中,各个企业的经营者都是项目负责人,结果就会出现多个负责人的情况。

在这种情况下,项目经理应该定期举行让所有负责人都出席的例会,用合议制来做出决策。

即便存在多个负责人,只要最终能够得出一个统一的结果,项目也一样能够顺利地进行下去。

在每次的例会上,让多名负责人对提出的议题进行合议,并且将得出的结论白纸黑字地记录下来。

这样一来,就可以使最新的状况得到全部负责人的认可,从而避免后续的工作中出现"权威之声"。

当时日本债券信用银行处于存款保险机构的管理之下,我作为项目经理与存款保险机构进行收购交涉。同时我还要对 ORIX 和东京海上火灾保险参与项目的成员进行横向协调,决定现场要完成的工作任务。然后通过定期的例会将现场决定的事项报告给项目负责人并得到对方的认可。就这样,终于将这个大型的项目顺利完成。

像这个项目存在多个项目负责人的情况,必须创造一个让所有负责人齐聚一堂共同做出决定的机会,让所有的负责人达成一致,这一点非常重要。

Q7 选择项目成员有哪些注意事项?

A 必须从每个利益相关的部门中至少选择一个人参与项目。此外,在成员中如果有"能够在部门之间进行沟通"的人是最理想的。

首先需要明确的是:被选为项目成员的人,都是各职能部门的代表。

因为项目经理没有人事权,所以决定让谁参与项目的,是各职能部门拥有人事权的人。

也就是说,参与项目的人相当于各部门权限者的代理人。

项目开始之后,成员就成了连接各职能部门权限者和项目经理之间的桥梁。

每当现场出现问题时,成员都会将这些问题带回各自的部门,与权限者进行讨论,然后将讨论结果反馈给项目组。

因为项目需要组织的横向合作,所以项目经理必须进行横向的协调与调整,但与此同时,各部门上司与部下之间的"纵向协调与调整"也非常重要。

所以必须在每个利益相关的部门中选择项目成员。

虽然项目经理没有人事权,但如果有机会自己选择成员的话,最好选择"能够在部门之间进行沟通"的人。

能够在部门之间进行沟通的人,就是对多个部门的业务都比较熟悉,能够在多个部门之间进行调整和交涉的人。

尤其是对业务和系统都比较熟悉的人,如果项目组里有一个这样的人,对项目的进展能够起到巨大的帮助。

因为这两者之间的工作任务最容易出现依赖关系,存在着许多可能导致项目延迟的瓶颈。

一般来说,从事业务工作的人都不懂系统,而从事系统工作的人则对业务缺乏了解。

正如前文中的例子那样,因为相互之间都不熟悉对方的业务,所以就想不出"即便不决定输入内容,只要决定项目数量就可以

■ 最好有一个"能够在部门之间进行沟通"的人

△△△△△
△△△△△

不知道他在说什么!

系统部门

这样的系统做不了啊!

项目经理

营业部门

□□□□□
□□□□□

有"能够在部门之间进行沟通"的人

系统部门说的是……

原来是这么一回事啊!

营业部门希望……

原来如此,我明白了!

系统部门

营业部门

帮了大忙了!

项目经理

开始网站设计"这种消除依赖关系的方法。

但如果有一个对业务和系统都很熟悉的人，就能够立刻消除这样的瓶颈。

我在软银工作时，也多次得到过这样的人的帮助。

现在已经跳槽到 IT 企业担任干部的 A 是我在软银工作时期的同事，他就是一个非常优秀的协调者。

当服务企划部门提出要求时，他能够将要求通俗易懂地解释给系统开发部门，使系统开发部门迅速地开发出符合要求的系统。

当然，如果项目经理能够在各部门之间进行协调也可以，但项目经理本身还有许多其他的工作，所以如果能有一个可以代替项目经理在各部门之间进行协调的成员，对项目经理来说是非常大的帮助。

为了发现具有协调能力的人才，最好的办法就是留意每个人在会议上的发言。

当讨论迟迟得不出结果的时候，往往会有人挺身而出对讨论内容进行整理，得出"最后应该是这样对吧""你说的是这个意思吧"之类的结论。如果有这样的人，请务必招募到项目之中来。

如果企业内部没有这样的人才，也可以尝试招揽外部的人才。

因为现在绝大多数的业务都与 IT 和系统相关，这样的人才对项目的顺利进展一定能够提供巨大的帮助。

此外，项目成员应该尽可能避免选择哪些"只说不做"的人。

有些人在会议上滔滔不绝地提出意见，可到了分配任务的时候却总是逃避承担任何工作任务。如果成员中存在这种"只说不做"的人，会严重影响其他成员的工作积极性。

要是在项目开始之后才发现，要立即向其上司进行反馈，请求其帮助改变成员的工作态度。如果成员的态度仍然没有好转，就只能将其换掉。

Q8 成员分属于不同的部门或在企业外部，导致交流不畅时，应该怎么办？

A 首先统一"用语"，尤其是对"成品"和"期限"等关键词的定义一定要明确。

隶属的部门和组织不同，对用语的理解肯定也会有所不同。

项目成员因为分属于不同的部门和组织，由于对用语存在不同的理解，可能会产生误会，结果导致出现工作失误。

因此，应该尽早统一项目的"用语"。

我在担任"Yahoo！BB"项目的项目经理时，就发生过这样的事情。

为了进军 ADSL 事业，必须借用 NTT 的线路构筑网络。负责这项工作任务的是我们从思科和 Kinden 邀请来的成员。

但这两家企业采用的工作"用语"和公文格式完全不同。

比如在制作图纸的时候，思科用"○"来表示 NTT 的基站，Kinden 则用"□"来表示基站，思科用英语的简称来表示某设备，而 Kinden 则用日语来表示。

因此，分属于这两家企业的成员制作出来的图纸完全无法通用，导致现场的作业出现了混乱。

我发现这个问题之后，立刻开始对用语进行统一。比如"统一用'口'表示基站""统一用英语的简称来表示某设备"。

结果，成员之间的交流变得非常顺利，图纸的制作和现场的作业效率都得到了极大提高。

上述例子属于专业术语的情况，但除此之外还有常用语也代表不同意思的情况。

尤其是"成品""期限"这些项目中的常用语需要特别注意。

比如"期限"，有的企业认为期限就是"到交货为止"，但有的企业则认为是"交货并提供完售后服务为止"。

如果在最初的阶段没有统一用语的定义，项目开始后就可能遇到意料之外的问题。有时候甚至会出现法律纠纷。

参与项目的组织越多，项目经理越应该注意统一"用语"。

Q9 年纪轻轻就成为项目经理，但项目组里有年纪比自己大的成员，有什么需要注意的地方吗？

A 不管对方年龄高低都要保持礼仪，必要时可以借助项目负责人的"虎威"。

这个问题的答案很简单，那就是保持礼仪。

不管对方年龄高低，身为项目经理都应该保持同样的态度。

我对项目组的所有成员都称呼"××先生/女士"。

项目经理既不能傲气凌人，也不能卑躬屈膝，保持不卑不亢的态度很重要。

如果你对不同的人采取不同的态度，就很容易引起成员的不满。

为了避免出现麻烦，最好是保持同样的态度。

此外，如果感觉项目组里比自己年长的成员太多，身为项目经理难以掌控的话，可以经常邀请项目负责人出席例会，这招非常有效。

这样做可以让成员知道，不管项目经理多么年轻，都是得到项目负责人认可的人。

我在软银担任项目负责人的时候，项目组里也都是比我年长的人，所以我经常借助孙社长的"虎威"。

如果项目经理很年轻，难免会有成员认为"公司可能对这个项目不太重视",但如果让项目负责人出席例会的话,就能打消成员的这种想法。

除了项目启动会议之外,如果有机会的话也尽量让项目负责人出席例会。

Q10 虽然"项目经理的工作就是给他人分配工作任务",但有的人本职工作就非常繁忙,给这样的人安排预定之外的工作时,怎样让对方不太反感呢?

A 牢记"多送人情""树立威信""保证不返工""说明这项工作对公司的意义"这四点。

① 多送人情

就像在金钱上有借贷关系一样,工作上其实也有借贷关系。

"之前曾经求他帮过忙,这次既然他开了口,那我也要帮他。"

"那个人在我困难的时候帮助过我,这次他求我帮忙,我肯定不能拒绝。"

如果能够让对方这样想的话,那么即便是稍微有些勉强的工作,对方应该也会接受下来。

对于项目经理来说，找机会多送出一些人情非常重要。因为这样一来，当你有工作拜托他们的时候，对方就会想"之前他曾经帮助过我，这次我也要帮他"。

我在软银担任项目经理时，之所以经常能够得到帮助，就是因为我坚持"先送人情"。

孙社长是一个非常以自我为中心的人，经常随意改变自己的时间表。当会议进入到白热化的时候，即便随后还有别的安排，他也会说"继续开会，把今天剩余的日程都取消掉"。

但这样一来，那些等着让孙社长批准申请的人就倒霉了。

如果今天得不到孙社长的批准，就没办法与客户签订合同。

因为不忍心看着这些同事一直等在社长室门口，我就主动对他们说："等孙社长有空的时候，我找个机会帮你签字。"

有时候我甚至会追上要外出的孙社长和他一起上车，请他签完字，然后在等红灯的时候，下车自己走回公司。

我付出的辛苦似乎也被其他同事看在眼里，他们觉得"三木那么认真地帮忙，下次他有什么事找我的话，我也要竭尽全力帮他"。

因此，当我担任项目经理的时候，干部们都会积极地为我提供帮助。

在日本的企业中，经营者经常会从外面聘请一个人作为新事业的负责人，

但这样的情况下，新事业大多都以失败告终。

为什么呢？因为这个空降的负责人与其他成员之间没有"借

贷"关系。

因为是新事业，所以这个新来的负责人往往是与该企业现有事业完全无关的行业出身的人。比如零售行业的项目来了一个IT行业的人，IT行业的项目来了一个管理顾问行业的人等，类似情况十分常见。

让一个之前对公司没有做出过任何贡献的人来担任新事业的负责人，会是怎样的结果呢？

结果就是遭到成员的反对。

"对现场的情况明明一无所知""根本没有提升一点销售额，只会说漂亮话"……项目组内部难免会出现这样的不满。

而且如果社长说"他是一位非常优秀的人，请大家都听他的"，反而会引起更激烈的反对。

甚至成员会产生出"把那家伙搞下台"的想法，不服从他的任何安排，也不为他提供任何帮助。

我曾经见证过许多企业和组织的项目，空降负责人带领新项目取得成功的案例占比不足十分之一。

为了避免出现这样的失败，如果自己被任命为新事业的项目经理，首先要做的就是尽量为项目的成员送出人情。

如果想借助他人的力量，首先要将自己的力量借给他人。

这就是能够在关键时刻得到援军的秘诀。

②树立威信

每个人都想"押注能取胜的那匹马"。

所以只要能够让别人相信"跟着他就能成功",自然就会有人聚集在你的身边。

就像我在第一章中提到过的那样,孙社长召集员工成立"Yahoo! BB"项目的时候,很多人都临阵脱逃了。

因为当时正是软银的新事业接连失败的时期。就连孙社长这样的领导者当时都难以聚拢人心。

由此可见,项目经理如果想要得到周围人的帮助,就必须做好本职工作,取得一定的成绩。让别人认为"跟着他一起干,应该不会吃亏"。

③保证不返工

工作中最容易让人产生压力的事情就是"返工"。

尤其是并非自己的原因,而是上司和项目经理的管理不到位导致二次甚至三次返工的情况,恐怕再也没有比这更让人火大的事情了。

这样一来,成员就难免产生"再也不想和那个项目经理一起工作了"的想法。

为了避免出现这样的问题,项目经理必须严格按照我在第二章到第四章中介绍的顺序对项目进行严格的管理，避免因为"权威之声"和时间表问题出现返工。让成员相信"这个人分配的工作肯定不会出现返工的情况"，这非常重要。

④说明这项工作对公司的意义

如果能够让对方知道自己的工作会给公司带来多大的贡献，对方就会主动地承担下工作任务。

在分配工作任务的时候，不能只说"这项工作非常紧急，请尽快完成"，而是要说"如果能够按期完成这项工作任务，公司未来发展的新业务就能够按期发布"，这样对方就会知道自己的工作对公司来说究竟有怎样的意义。

Q11 社长安排了"不可能完成"的任务,自己被任命为项目经理,但相关部门都表现得非常消极。如果说"这是社长安排的任务,请提供帮助",反而会让对方更加反感,怎样才能让对方提供帮助呢?

A 展现出"不管发生什么自己都会承担责任"的不逃避的态度。

正如我在第三章中提到过的那样,身为项目经理,应该"尽早分配工作"并且"将工作尽可能细分化"。只要做到上述两点,即便不必借用负责人的"虎威",也能够不给成员增加负担地分配工作。

如果是无法做到上述两点,项目经理应该"自己承担风险最高、最难完成的部分"。也就是要展现出"不管发生什么自己都会承担责任"的不逃避的态度。

如果营业部门接受了工期极短的订单,不能直接将这种工作任务交给现场,而是要宣布"我负责与营业部门进行交涉,并承担全部责任",并且采取实际的行动。

如果实在无法按期完工导致客户投诉的时候,告诉客服中心等支援部门"出现问题时由我来应对"。

总之,一定要让周围的人知道"这个项目经理绝对不会逃避问题"。

项目经理的工作就是将工作任务分配给相应的专业人士，但有的时候企业内部可能没有合适的人选。对于这种"无法分配给任何人的工作任务"，需要项目经理自己承担责任，或者由项目经理去企业外部寻找人才或者资源。

比如利用 AI 提高业务效率的项目，但企业内部没有 AI 领域的专业人士，这就需要去企业外部寻找 AI 平台，自身企业则只负责处理简单的应用业务。

身为项目经理，不能把所有的工作任务都推给成员，而是要思考"有没有解决问题的更有效的方法"，这也是项目经理的重要职责。

Q12 有的成员因为能力不足或者缺乏工作积极性，无法按照例会上的安排完成任务，这时应该怎么办呢？

A **培养成员是职能部门负责人的责任。将这个问题反馈给部门负责人，让对方想办法。**

正如我在前文中多次提到过的那样，项目经理没有人事权，无权对成员进行评价、教育和指导。

因此，对于成员在能力、经验和资质上存在的问题，项目经理是无能为力的。

如果成员缺乏工作积极性，无论如何都无法按期完成任务的话，就像我在第四章中说的那样，请将这个问题反馈给拥有人事权的职能部门的负责人。

因为部门负责人有责任对部下进行教育和培养。

如果项目经理不进行反馈，那么部门负责人就不知道成员在项目组之中的表现。

部门负责人可能觉得，"那家伙平时工作很努力，在项目组里应该也不会松懈吧"。所以如果项目经理不反馈问题的话，部门负责人就不会采取任何的应对措施。

将事实反馈给部门负责人，请对方对成员进行教育和指导，如果这样成员的问题仍然没有改善，就拜托部门负责人更换人员或者增派人手。

这个时候，需要以每周例会上与所有成员共享的项目管理表为基础，向部门负责人反馈"这名成员好几次都没能遵守约定按时完成任务"等客观事实。

千万不能进行人身攻击，不能有"这家伙根本就是个废物，给我换个人"之类的说法。

即便部下真的很没用，上司也不愿听到别人这样批评自己的部下。身为项目经理绝对不能感情用事，一切都要基于客观的事实冷静对待。

Q13 有成员提出:"你对进程管理得太严格了,影响我的工作积极性。"但如果不这样严格监管的话恐怕会出现问题,这个时候应该怎么办呢?

A 主动询问对方"有没有遇到什么问题"。

你的直觉没错,越是这样说的人越危险。

如果是对自己工作有自信的人,反而会很喜欢别人来检查进度。

"请看,我已经完成了这么多。"

这种愿意展现自己优秀一面的想法是人之常情。

反之,不喜欢别人监督工作进度的人,可能是为了隐瞒某些问题。

所以如果有这样的成员,请主动询问对方"有没有遇到什么问题"。

或许在项目经理没有觉察到的地方存在着依赖关系,导致这名成员的工作无法开始,而他自己又不好意思去催促别人。

在这种情况下,项目经理只要对工作任务进行调整,就可以解决问题。

身为项目经理,不能听到成员说"工作积极性下降"就武断地认为对方"果然是个没用的家伙",而是要找出隐藏在背后的原因。

如果成员不愿公开自己的工作进程和状况，还可能出现"工作任务黑匣子化"的问题。

因为项目经理也不了解该成员的最新状况，所以一旦这位成员因为身体不适而请假或者离职的话，其他人也难以顶替他的工作。

最糟糕的情况是这名成员带着客户跳槽，这对自己企业造成的损失难以估量。

与成员保持公开和共享的关系，对于风险管理具有非常重要的意义。

Q14 成员的工作积极性下降，项目经理应该怎么办？

A 找出原因、进行改善。如果还是不行就向部门负责人借用权限。

虽然项目经理没有培养成员的责任，但对于工作积极性下降这种比较常见的问题，也不能每次都向职能部门的负责人反映情况要求更换人员。

基本上来说，能够以现有的人员完成项目是最理想的状态，所以当感觉到成员的工作积极性下降时，首先应该找出导致出现这一情况的原因。

如果发现导致成员工作积极性下降的原因是工作任务分解得不够细致，导致成员的工作负担过重，或者时间表安排得太紧等，那就不是成员的责任，而是项目经理的责任。

在这种情况下，需要重新确认第二章到第四章的内容，对工作任务进行合理的分配。

如果是横跨多个部门的项目，除了项目经理是全职之外，其他成员基本上都是兼职。

在这种情况下，如果成员对项目的重要性缺乏理解，就很可能以自己的本职工作为重，有空闲的时候才处理项目的工作任务。

这样的话就需要将实际情况反馈给职能部门的负责人，让负责人对成员说明"这个项目对企业和自己部门具有怎样的意义"。

借助该成员直属上司的力量是最有效的解决方法。

我再重复一遍，因为没有人事权限，所以项目经理能做的事情是非常有限的。

正因为如此，项目经理不能什么事都自己去解决。

将教育成员和提高工作积极性的工作交给部门负责人，自己则把精力都放在项目经理本来的工作上。

Q15 要想尽早把握成员的状态，应该怎么做？

A 观察例会的出席状况。

如果参与项目的成员数量太多，要想把握成员的工作积极性是否出现下降就非常困难。

在这种情况下，例会就是把握成员状态的绝佳机会。

如果成员参与例会迟到或者缺席，那么对这个人的工作状态就需要特别注意。因为一个人工作积极性下降的最直观的表现就是连非常简单的约定都无法遵守。

每周一次在固定时间参与会议，这是非常简单的工作任务。

如果连这种程度的工作任务都无法完成，那么就很有可能在拜访客户的时候迟到，或者无法按时完成工作任务。

一旦发现例会迟到或者缺席的成员，应该立刻反馈给职能部门的负责人，让对方采取合适的应对措施。

当然，如果发现成员连续加班到深夜，甚至在休息日的时候也来加班，则说明项目处于危险的境地。

应该立刻与项目负责人进行交涉，对"期限""成本""品质"进行调整。

Q16 项目组的成员之间发生了争执,项目经理被夹在中间,不管帮哪一边都会被另一边记恨,应该怎么办?

A 听取双方的意见,通过事实和数字客观把握发生争执的原因。

首先要冷静地把握事实。

一味地互相指责并不能解决问题。

必须先听取双方的意见,找出双方发生争执的原因。

比如客服中心的负责人气愤地说"营业部门只顾着提高自己的业绩,什么乱七八糟的订单都接,导致我们这边接到了大量的投诉"。

在这种情况下,项目经理应该把握"大量"具体是多少数字,以及投诉的内容都是什么。

"大量投诉"实际上可能是"在 1000 名顾客中,有 3 名顾客投诉"。

而对投诉内容进行调查之后,可能会发现导致投诉的问题并不是营业的原因,而是合同条款问题,或者生产流程的问题。

一旦找到了真正的原因,接下来就是采取修改合同条款、改善生产流程等措施,很快就能够解决问题。

有时候,成员为了强调不只有自己感到不平和不满,经常会用"大家都感到很气愤""大家都感到很困扰"之类的说法。

但实际上,感到气愤和困扰的并不是"大家",所以项目经

■ 最好有一个"能够在部门之间进行沟通"的人

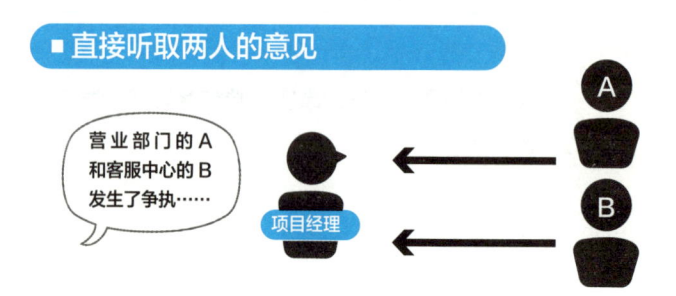

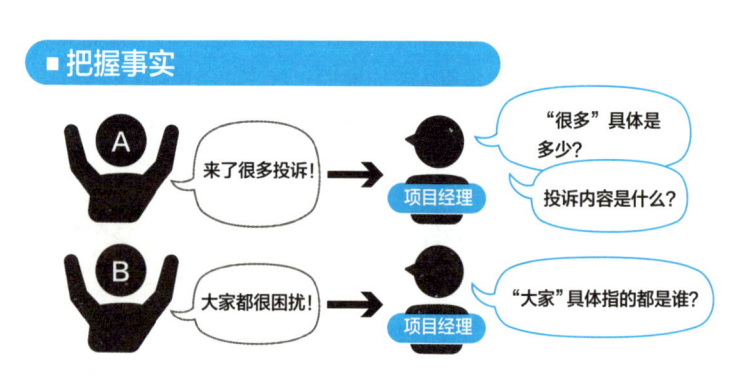

■ 直接听取两人的意见

营业部门的 A 和客服中心的 B 发生了争执……

项目经理 ← A
       ← B

■ 把握事实

A：来了很多投诉！→ 项目经理："很多"具体是多少？ 投诉内容是什么？

B：大家都很困扰！→ 项目经理："大家"具体指的都是谁？

■ 不要听取传言，要相信事实

A：是 B 的错。

B：都是 A 不好。

项目经理：大家一起想办法减少投诉吧。

理必须冷静地确认"你说的'大家'具体都是指谁""其他成员都有什么不满，可以直接询问一下吗"。

正所谓"偏听则暗、兼听则明""耳听为虚、眼见为实"，为了把握事实，必须全面地分析情况，不能仅凭传闻就做出判断。

这样项目经理就能找到导致问题的真正原因，当场解决问题。

Q17 项目期限突然缩短时，首先应该怎么办？

A 从增加成本和分批次完工中二选一。

首先应该确认优先顺序，必要的话请项目负责人重新调整预算。

这种情况，最终基本上都是在期限和成本之间做取舍。

如果期限突然缩短，就只能增加人手。

同时进行多个项目的话，在 A 项目的期限突然缩短时，可以延迟 B 项目和 C 项目的期限，将资源集中在 A 项目上。如果只有一个项目，那就只能从外部追加人手。

但不管是从企业内部增派人手，还是将工作任务外包出去，都需要资金。想要在资源不变的前提下缩短期限是不可能的，所以必须让项目负责人做出"增加预算缩短期限，或者维持预算期限不变"的选择。

如果无论如何都无法增加预算，也不能延迟期限的话，还有一个办法就是将成果分解，向负责人申请是否能够分批次完工。

比如最初的计划是在三个月之后制作好网站，但忽然期限被提前到了一个月。

在这种情况下，可以将网站的制作流程分解，找出必须在一个月的期限内做完的部分，以及可以在随后继续制作的部分。

"一个月之后就要开始接受新服务的预约申请，所以网站必须在那之前那上线。"

如果这就是导致期限缩短的原因，那么可以这样进行交涉。

"一个月后先上线申请页面。与申请数据没有直接关系的分析工具和其他内容在三个月之内做完。这样的话只要现在这些人手和预算就能完成。"

像这样对成果进行分解，将其分为能够在期限之内完成的部分和不能完成的部分，就很有可能说服项目负责人同意你的方案。

如果项目负责人仍然不同意，那就只能回到关于"追加预算"的交涉上。

不管项目负责人如何坚持，在人手、时间和资金都不足的情况下，是不可能完成任务的。

我再强调一遍，项目经理不能一味地按照上面的命令行事，根据现场的实际情况，由下而上地传达"什么能做到、什么做不到"的信息也是项目经理的重要职责。

Q18 在项目启动之后才发现立项阶段建立的假设是错误的，必须调整项目的方向，但这样一来就会出现返工的情况，给成员增添负担。你有过这样的经历吗？

A **经常发生。所以平时就要注意防止出现返工的情况。**

我当然有过这样的经历。

应该说，只要担任项目经理，谁都会有这样的经历。

商业活动之中存在着许多只有亲自做过才能明白的事情。所以不管事前准备了多么缜密的计划，在实际执行的过程中都有可能出现问题。

关键在于，当出现不可避免的返工情况时，要让成员知道"出现这种情况也是没办法的"。

为了实现这一点，在平时的工作中尽量避免出现返工的情况是最有效的方法。

如果在项目的日常工作中就总是出现返工的情况，成员肯定会产生出抵触的情绪，结果在真的出现了不可避免的返工时，会遭到成员的强烈反对。

但如果是平时从不出现返工情况的项目经理，一旦出现不可避免的返工时，成员也会认为"那个人很值得信赖，所以这应该是必要的作业"。

除此之外，注意在分配工作任务时"尽量早、尽量少"，以及经常送出人情，都可以提高成员对自己的信赖度。

我现在的 TORAIZ 也经常出现这样的情况。

当我身为经营者认为无论如何都必须调整方针的时候，即便会使现场人员出现返工的情况也会坚持进行调整，但我会仔细地说明这样做的原因，争取得到现场人员的理解。

因为我非常清楚现场人员的苦衷。

但为了不给现场人员添麻烦而迟迟不调整方针，可能会带来更加严重的后果。一旦最终无法达成目标，会给成员造成更大的伤害。

因此，为了在需要调整方针的时候能够迅速采取行动，项目经理务必在平时就创造出一个"让成员能够在关键时刻接受返工的状况"。

Q19 项目负责人突然更换、项目的关键成员突然离去，这些突发状况应该如何应对？

A　项目负责人更换，仅凭项目经理的力量难以应对。关键成员的缺失，可以充分利用外部人才来进行弥补。

对于项目负责人更换的情况，坦白说仅凭项目经理的力量难以应对。

社长聘请了其他行业的人才开展新事业项目，结果社长本人出了问题遭到撤换，新社长上任后直接将之前的项目解散。这样的情况屡见不鲜。

如果新的负责人能够继续沿用之前的方针政策还好说，如果前任负责人是因为在公司内部失去支持而遭到撤换，那么新上任的负责人肯定会采取与之前完全相反的经营方针，以表示自己对前任的否定。

在这种情况下，项目经理只能遵循项目负责人的要求来开展工作。

至于关键成员突然离去的情况，则可以通过补充人才来进行弥补。

如果离去的成员拥有专业的知识和技能，从企业外部聘请同领域的专家是最有效的解决手段。

因为新成员是来顶替关键成员的，所以最好能够和项目经理一样，常驻在项目组之中。

我在软银担任"Yahoo！ BB"项目经理的时候，就邀请调制解调器生产工厂的负责人常驻在我们项目组里。

当工厂生产的调制解调器出现品质问题时，我们就会立即委托品质管理部门派遣专家团队前往工厂进行调查。

现在我的公司里也有在广告代理公司里常驻的成员。因为目前我们正处于为了提高 TORAIZ 的知名度而努力进行宣传的阶段，所以必须借助广告宣传领域专业人士的力量。

这样一来，就能像调动自己内部的人才一样充分地利用外部人才。

如果仅凭企业内部的资源无法弥补人才缺失造成的漏洞，那就充分利用外部的力量来进行弥补。这也是项目经理的职责所在。

Q20 身为部门负责人，要派遣部下参与项目时，需要注意什么？

A 将部门内知识的标准化，以及按照适材适所的原则对资源进行分配。

将部门内的知识和经验标准化，并将标准化的格式带到项目组里，对项目非常有利。

如果你是信息系统部门的负责人，并且将"制作会员登录页面时的格式""制作业务管理工具时的格式"等内容进行了标准化，就可以让部下将这些经验带到项目组之中去。

这样一来，项目组就不必从零开始进行制作，只要对标准化的格式进行一下调整即可，从而大幅地削减工作量和时间。参与项目的部下也不用被迫长时间工作，可以更有效率地完成任务。而你作为部门负责人，在企业内部的评价一定也会得到提高。

此外，根据项目的主题和目标，派遣最合适的部下去参与项目，对成员进行最优化的分配，也是部门负责人的重要职责。

要想做到这一点，部门负责人必须准确地把握部下的能力，做出"与结算相关的系统，可以让有这方面经验的 A 去做""从这个项目的难度来看，让 B 去做就足够了"等判断。

尤其是在企业内部同时开展多个项目的时候，思考"将多少资源，什么人才，分配到哪个项目上"非常重要。

能做到这一点的部门负责人，就能在企业内部得到更高的评价。

身为部门负责人，还要根据项目方面的要求，制订对自己部门成员的教育和职业发展计划。

正如我前文中多次提到过的那样，对成员进行教育和培训不是项目经理的工作。

这是职能部门的负责人应该承担的责任。

部门负责人需要根据企业内部的需求，以及部下本人的资质和志向，制订职业发展和培训计划。比如"C 的结算相关技能已经非常熟练，接下来应该掌握业务流程的相关知识""D 对系统和业务都已经掌握了，接下来应该去进修 PMBOK，一年后让他担任项目经理"等等。

今后"项目化的工作"越来越多，身为部门负责人，也应该尽可能地为企业提供项目所需的资源。

Q21 我现在完全没有担任项目经理的机会，应该如何锻炼项目管理的能力呢？

A 可以尝试通过"管理游戏"来进行锻炼。

"项目管理"的能力是能够通过锻炼获得的。

比如我在进行培训时每次都会安排学员玩"管理游戏"。

这是《构筑职场人际关系的训练》（星野欣生著 / 金子书房）一书中介绍的方法，被我应用到自己企业的研修之中。

首先将成员每五人分为一组，分配"经理""团队领导者""普通成员"的身份，并将指示书交给相应的成员。

五个人为了达成指示书上的要求必须进行交流，但交流不能通过对话进行，只能写在便签上。而且信息传递只能通过身边的人进行，所以经理无法与普通成员进行直接的交流。

实际操作一下就会发现，如果经理不发挥"信息中枢"的作用，就无法给所有人下达正确的指示。

通过这个游戏，扮演经理的人就会切实地体验到完成"明确目标""集中信息""分配工作任务"这三个职责的重要性。

虽然项目经理的能力大多需要在实践中掌握，但对于有志于成为项目经理的人来说，通过这样的练习来提前锻炼自己的意识也是非常有帮助的。

■ **推荐大家阅读的书籍**

《构筑职场人际关系的训练》
（星野欣生著 / 金子书房）

除了"经理游戏"之外，本书还介绍了许多有助于提高自己职场能力的练习。书中还有很多对项目管理来说非常有意义的内容。非常推荐大家阅读，并与自己的同事一起开展练习。

经理游戏

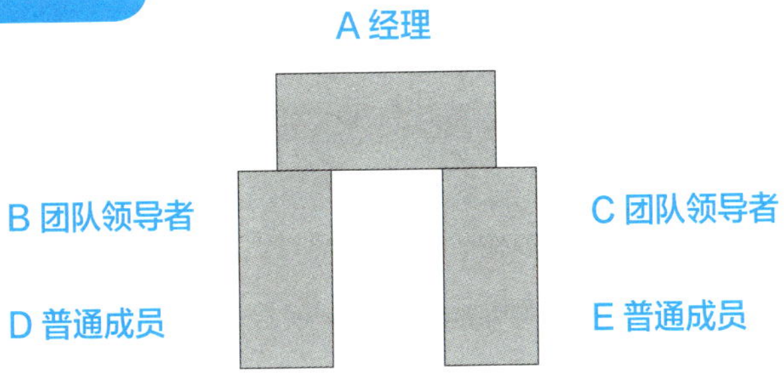

A 经理

B 团队领导者　　　　　　C 团队领导者

D 普通成员　　　　　　　E 普通成员

· 一般需要 5 个人（6~7 人也可）
· 给经理、团队领导者、普通成员每个人发一个装有工作任务的信封
· 不能用语言进行交流，只能用便签书写交流
· 只有相邻的人才能交换信息
· 经理举手表示作业结束，由裁判确认团队是否达成了课题
· 在达成课题之前都不能用语言进行交流

第 章 6

孙社长『成立新事业项目』的方法

将"风险"最小化，"回报"最大化的秘诀

在日常业务之中，"项目化的工作"越来越多，同时还存在着与日常业务明显不同的"特别的项目"。

成立新事业项目就是其中的代表。

随着 AI 与区块链等新技术的发展，越来越多的日本企业开始意识到仅凭现有的事业难以在全球化的竞争中生存下去，于是开始积极地开发新事业。除此之外，选择创业的个人企业家也越来越多。

我在孙社长身边，亲眼见证了许多事业成立的过程，还作为项目经理亲自参与了许多项目。

通过这些宝贵的经验，我非常幸运地学到了孙社长成立新事业的方法。

而我也利用这些经验成功地成立了许多个与教育相关的事业，现在致力于英语学习项目"TORAIZ"。

同时我还在多家初创企业之中担任顾问，将我从孙社长身上学到的宝贵经验传授给这些经营者，帮助许多企业在创业后很快就成功实现了上市。

在本章之中，我就将为大家介绍"成立新事业项目"的方法。这也可以说是终极的"项目管理工作术"。

软银与许多日本企业之间决定性的差异

说起孙社长,世人对他的印象大多是"无惧风险的冒险家""预知未来的天才"等。

但与他有过近距离接触的我却有些不同的看法。

当然,他敢于承担风险进行各种挑战是无可争议的事实,对未来的预知能力也比我这样的凡人高出许多档次。

不过,要说孙社长完全不怕任何风险是不准确的。

应该说孙社长拥有极强的风险意识。

即便是拥有优秀经营直觉的孙社长,也出现过许多判断失误的情况。因此,孙社长自己在进行思考时,也是以"无法完全预知未来"为前提的。

当今时代存在着极高的不确定性,环境瞬息万变,未来难以预测,任何事情都很难按照计划顺利进行。

在这样的情况下,企业要如何生存下去,商业活动又要如何发展壮大呢?

孙社长和其他大企业经营者之间决定性的差异,就在于对这个课题的认识,而具体则表现在组织成长的速度上。

软银与其他企业之间最本质的差异,就在达成目标的流程上。

日本的绝大多数企业都以实现"计划→执行→验证→改善"

的 PDCA 循环为目标。

但软银的循环顺序是"大量执行→数值化→理论化→计划"。

软银循环的第一步是"执行",而且还是"大量执行"。

因为在充满不确定性的时代,如果不经过实际的执行就不知道怎样才算成功。

所以要以失败为前提,执行所有可能成功的方法。

将执行的结果"数值化",然后再对数值进行验证使其"理论化",最后根据得出的正确结论制订"计划",再次执行。

迅速实现上述循环,就是软银的做法。

只要快速地重复小型的实验,很快就能知道怎样算成功、怎样算失败。因为即便失败也能获得非常宝贵的数据,所以就算出现失败也没关系。

根据执行的结果制订计划,然后再次执行,就很有可能取得更好的结果。只要按照这样的流程,就能不断提高计划的成功率,以最短的路径接近目标。

而很多日本企业因为害怕失败,虽然制订了计划却迟迟不敢采取行动。

还有为了避免失败,对计划不断地进行调整,力求"制订出能够顺利执行到最后的计划"的企业,结果就是只能制订出平庸无奇的计划。

这样的计划就算成功执行也难以取得任何突破,更别说开创前所未有的新事业了。

如果是像之前经济高速成长、经济环境稳定的时期，计划或许能够顺利地执行到最后。但在当今这个环境剧烈变化的时代，必须从一开始就做好计划无法顺利进行的准备，在执行过程中对计划不断地进行调整，最终抵达目标。

只有具备随机应变的灵活性，才能实现持续的成长。

软银这种"灵活与稳定并存"的做法，正是当今时代必不可少的。

绝对要避免"满盘皆输的风险"

不实际尝试一下,就不知道什么是正确答案——这就是当今时代的真实情况。

但即便如此,也要尽可能避免最糟糕的结果。虽说失败也不要紧,但如果失败会导致企业破产的话,那代价未免有点太大了。

也就是说,绝对要避免"满盘皆输的风险"。

这也是孙社长坚守的人生信条。

近年来,有许多IT企业诞生,其中有不少还取得过辉煌的成绩,但最终却都落得破产的惨淡结局。

为什么软银能够在如此严峻的环境中生存下来并取得成功呢?答案是"孙社长非常善于控制风险"。孙社长从不会将全部身家都押在一个项目上。他从不参与那种赢了一夜暴富、输了血本无归的赌博。

当然,孙社长在该冒险的时候从不犹豫,但他采取的方法是"从可能会中奖的箱子里尽量多抽签,分散风险"。

说句题外话,如果孙社长能变成当今时代的年轻人,那他会用手中并不充裕的资金购买比特币吗?

孙社长肯定不会将全部的资金都购买比特币,而是会尽可能多地寻找其他的赚钱手段，进行分散投资。

因为当时购买比特币就像买彩票一样，"虽然中奖的概率很低，但万一中奖就能够获得巨额的财富"。

不过冷静地分析就会发现，如果将所有的资金都投入到这种项目上，就会有"满盘皆输的风险"。

不管是经营企业还是人生，最重要的事情就是"活下去"。如果有可能危及生命的风险，就绝对不能碰。这是孙社长一直坚持的基本原则。

避免一局定胜负，事业也要分散投资

在成立公司或者开创事业时，尽可能降低风险非常重要。

软银成立之初之所以从软件销售开始，就是因为这项商业活动的风险很低。

自己开发软件需要投入巨大的成本，而采购其他企业生产的产品自己进行销售，则可以用最少的初期投资赚取利润。

软件销售的利润并不大，但孙社长为了巩固企业的经营基础，还是选择从"虽然利润不高，但能够切实地赚取利润的商业活动"开始。

由此可见，即便被世人普遍认为是冒险家的孙社长，在创业之初也对风险管理非常重视。

尤其是在认为存在重大风险的情况下，孙社长的行动就会更

加慎重。

我在软银工作时，曾经发生过这样一件事：

软银联合 ORIX 和东京海上火灾保险一起收购日本债券信用银行的时候，引发了社会各界的广泛关注，甚至连日本国会都专门讨论了此事。

原因是在收购合同中含有"瑕疵担保责任条款"。

这项条款的内容简单说就是"日本债券信用银行存在不良债权的情况下，由国家（存款保险机构）收购"。对于接受股票转让的软银来说，因为无法在进行收购的时候对债权情况逐一进行检查，所以肯定要添加这样一项条款。

但因为瑕疵担保责任条款的内容让人难以理解，所以社会上就出现了"为什么政府要为软银提供补偿"的声音，就连政治家也提出了同样的问题，以至于发展到专门提交日本国会讨论的程度。

在这种情况下，孙社长决定将股票转让的截止日期推迟一个月。

然后他利用这一个月的时间亲自出席电视节目，用通俗易懂的语言向社会解释瑕疵担保责任条款的内容。

结果社会各界终于理解了条款的内容，而股票转让虽然推迟了一个月，但也顺利完成。

如果换作其他经营者，恐怕不会做出推迟股票转让时间的决定。

因为一旦推迟时间，根据当初预定的时间采取行动的利益相关者就会提出"为什么变更计划"的抗议，而且在推迟的时间里遭到媒体批判的可能性也更高。

普通人面对这种情况肯定会认为长痛不如短痛，做出"尽快转让股票"的选择。

而孙社长之所以决定延期，是因为他坚信"不能在存在严重风险的情况下做出最终的决定"。

如果在没有瑕疵担保责任条款的情况下签订合同，之后一旦出现不良债权，软银可能会因此承担几百亿日元甚至几千亿日元的损失。

所以孙社长当时只是坚持了自己"绝对不冒满盘皆输风险"的原则而已。

孙社长经常"推迟做出决定"

可能很多人对孙社长的印象都是"当机立断"，但实际上孙社长在决定"推迟做出决定"的时候也很果断。

有时候做出一个决定，就意味着要放弃其他的选择。

虽然尽快做出决定会让人轻松不少，但却可能因为失去了其他的选择而出现损失。

而如果一直到最后时刻才做出选择，就能从多个选项中选出最合适的那一个。

比如软银准备与其他企业展开合作，候选企业有三家，孙社长每次都会下令"与三家企业全部进行谈判"。

如果尽早锁定一家企业的话，那么现场的员工们只需要花费三分之一的时间就能完成谈判，而且资料也不用分别制作三份。

但即便需要付出更多的成本，孙社长也要根据谈判的结果做出最佳的选择。

因为孙社长深知，推迟做出决定对于降低风险具有重大的意义。从这些事例也可以看出，孙社长具有非常强的风险管理意识。

进军手机事业的大项目也少不了严格的风险管理

软银在 2006 年收购沃达丰日本法人，进军手机事业的时候，也进行了非常严格的风险管理。

因为这项收购的价格高达 1.75 万亿日元，打破了日本企业的收购纪录，所以引发了社会的广泛关注。虽然很多人都担心"为了收购贷款这么多真的没问题吗"，但孙社长其实早就想好了规避贷款风险的办法。

他采取的措施是将收购的事业证券化。所谓证券化，指的是将企业持有的资产转变为证券来筹集资金的方法。因为这是不动产行业经常使用的方法，所以大家应该都有所了解吧。

比如 A 公司将自己的办公大楼证券化，就是将大楼卖给其他的企业，然后将卖楼获得的现金流变为有价证券卖到市场上。这样一来 A 公司就能够从市场上筹集资金，同时还保留着"A

公司大楼"的名称，内部的办公室也可以租赁下来继续使用。

软银将手机事业的资产证券化的情况与之基本相同。

软银移动通信（现在叫作软银株式会社）在收购沃达丰之后，通过证券化将企业整体出售给了金融机构，并用获得的资金偿还了1.75万亿日元的贷款。

虽然从某种意义上来说软银移动通信的所有权在金融机构手上，但公司名称没有变化，经营权也在孙社长手中，还能够与软银集团进行合并结算，所以从外部看来几乎没有发生任何变化。

但实际上，通过这样的操作软银集团就将贷款的风险从自己身上剥离了出去，万一软银移动通信的经营出现问题，软银集团也不会出现与其共同承担风险的情况。

软银集团在风险管理上还有一条非常严格的规定，那就是"母公司不承担子公司的任何债务"。软银自从创业以来，开展了许许多多的事业项目，其中有不少都以失败告终，但却对软银自身的经营没有产生任何的影响，这都得益于孙社长严格的风险管理。

"止损"要尽快尽早

当孙社长发现"继续坚持下去也没好处"的时候就会立即"止损"。

1996年软银收购美国的金士顿科技有限公司，但因为经营不善，三年后又将公司卖回给原来的创业者。虽然软银因此出现了巨额的亏损，但这种尽早止损的做法非常符合孙社长的风格。

同样是 1996 年，孙社长与澳大利亚的传媒大王默多克联手收购了 TV 朝日控股的大量股份，结果因为遭到舆论的强烈反对而又将股份卖回给 TV 朝日控股的母公司朝日新闻集团。像这样即便已经出手，但发现未来存在巨大风险就立即撤退，也是孙社长的典型做法。

在投资领域，止损是最难做出的决定。如果规定"股价低于购买价格 10% 就立即卖出"并严格按照这个规则执行的话，或许就不会亏损太多，但绝大多数的人都会想"或许股价还会涨回来，再等等看吧"。结果股价一路下跌，损失越来越大，这是最普遍的情况。

在这一点上，孙社长就非常果断。因为他坚持"尽量避免满盘皆输"的行动方针，认为"即便稍微亏损，也好过公司破产"。能够在遭受致命打击之前做出决定，这就是孙社长身为经营者的过人之处。

然而即便是孙社长，也有过即便失败就几乎要满盘皆输的情况。这种冒险只有一次，那就是 2001 年进军 ADSL 事业时。

自从创业以来就实现了飞速发展的软银在 2000 年时的总市值高达 20 万亿日元，在日本的总市值排行榜中仅次于丰田汽车，位居第二。

但紧随其后的 IT 泡沫崩溃，使软银的股价下跌到之前的百分之一。软银瞬间就不得不面对创业以来的最大危机。

为了让企业生存下去，即便面对巨大的风险也必须赌一把。

孙社长带着破釜沉舟的决心进军 ADSL 事业。为了筹集资金，软银将青空银行和美国雅虎的股份等所有能卖的东西都卖了出去，并且将获得的现金流全都投入到 ADSL 事业之中。

　　孙社长冒这么大的风险，恐怕这是第一次也是最后一次。但当时如果孙社长不冒这个险，恐怕企业就会走向灭亡。破釜沉舟和有勇无谋是不一样的。所以说，孙社长坚持"避免满盘皆输"的原则，在任何时候都没有改变。

开始的时候避免出现固定成本
——先从做门客开始

孙社长的风险管理大多是公司层面的，接下来我将为大家介绍更贴近我们自己身边的事例。

经常有希望独立创业的年轻人来找我咨询。

每次我给他们的建议都是"先从做门客开始"。不要一开始就租用专门的办公室，而是找相识的公司借一个地方放自己的办公桌，然后在这里开始自己的业务。

因为这样可以将固定成本控制在最低。

创业初期无法立即获得现金流。在开发出商品和服务并将其推向市场成功销售出去之前，手头的资金一直是只出不入的状态。

其中最大的支出就是办公室的租金和水电费等固定成本。如果为了虚荣租赁一个豪华的办公室，创业资金很快就会被花光。

但要是在朋友的公司里做门客，就几乎没有固定成本。

如果没有固定成本，即便没有销售额，也不必担心公司会因为入不敷出而破产。宝贵的启动资金不会被固定成本蚕食，就可以投入到新事业的开发之中。降低固定成本是创业时能做到的最有效的风险管理。

即便在公司发展到一定程度之后，孙社长仍然坚持"降低固定成本"的方针。我也受其影响，将 TORAIZ 的总部设置在一个很小的写字楼里。虽然接待学员的各个授课中心我都选在交通便利、环境优雅的地方，但我们自己的工作场所并不需要在太高端的办公室里。

企业内成立新事业的时候也应该压低固定成本。不必专门准备一个楼层或者办公室，向有空位的部门借一个房间，尽量利用免费资源是最好的选择。

一上来就拥有充裕预算的项目十分少见，所以尽量控制初期的成本是基本中的基本。

维持"竞争状态",使成本最小化

既然提到了预算的话题,我就简单为大家介绍一下孙社长降低成本的方法。大致上包括四点:

第一个是"通过竞争决胜负"。每当孙社长想要进行采购的时候,都会让多个供应商给出价格,进行彻底比较之后再做决定。

可能有人认为"这不就是比价吗,我们公司也经常这样做啊"。

但孙社长对竞争的执着超乎寻常,他甚至专门成立了一个叫作 DeeCorp 的招标公司负责创建竞争环境。我在软银工作的时候,孙社长就曾经说过,"没经过 DeeCorp 的东西一律不要买"(这家企业现在也负责为软银集团之外的企业提供有偿招标服务)。

孙社长之所以成立专门的招标公司,是为了让招标公司通过多次的招标项目积累经验,从而能够在今后的招标中提供宝贵的建议。

比如公司发展到一定阶段之后打算正式租赁一个办公室,很多人都不知道"工作时间之外的空调价格"是需要考虑的重要因素,不同写字间的工作时间之外的空调收费价格也各不相同。如果没经过仔细的对比,租赁了在这一项上收费很高的办公室,那么每年就要多出不少的开销。

还有合同中可能存在让人很难发现的附加条款,事后被迫支付意料之外费用的情况。

不过这些需要注意的地方,只要是亲身经历过的人都能事先了解。即便无法委托专业的招标公司,至少也可以找身边对相关领域比较熟悉的人打听情况。

如果连熟悉情况的人也没有,上网搜索"办公室""租赁交涉技巧"等关键词,应该也能学到一些窍门。

第二个是"让竞争环境一直保持下去"。

一开始通过非常严格的竞争环境选择了某个供应商,但随后就陷入了惯性思维,一直从这个供应商处拿货……这样做的企业比我们想象的要多得多。

如果这个供应商能够一直提供最优质的商品和服务倒还说,但实际上却并非如此。无论个人还是企业,一旦处于垄断地位都容易疏忽大意。比如自己企业委托某人才派遣公司支援人才,一开始可能对方派来的都是最优秀的员工,但时间久了,对方就会将优秀的员工派往别的企业去开拓市场,给这边派来的都是平庸的员工……这样的情况十分常见。

为了避免出现这种情况,必须一直维持竞争环境。比如合同一年一签,给自己留更多选择的余地非常重要。

第三个是"建立自己的管理与评价体系,自己收集数据并进行检查"。

大家可能也遇到过这样的情况,对方企业提供的所谓"效果

（结果）验证"的数据，大多是对他们来说有利的数字。就算没那么过分，至少对方提供的数据也是不完整的，不包括自己企业想要知道的全部数据。

因此，为了准确地把握对方的工作成果，不能只依赖对方提供数据，而是要自己建立指标，对数据进行统计。将工作都外包出去，然后不管好坏一律付钱的做法，在软银是绝对行不通的。

最后一点是"坚持弥补信息的不对称"。

信息在企业内外经常会出现差异。

比如自己企业将某业务外包给 A 公司完成，但 A 公司其实开发出了一种能够大幅降低成本的工作方法。那么 A 公司会主动将这件事告诉我们吗？答案肯定是否定的。因为这样做会使 A 公司的收益降低。

在这种情况下，我们应该怎么做呢？

我们应该坚持主动寻找有没有能够更高效地完成工作任务的工具和技术。同时经常与外包企业进行沟通和交流，发掘对方的信息，坚持不懈地弥补信息的不对称。

上面介绍的这四点削减成本的方法，是我在软银时从孙社长身上学到，并现在应用于自己企业经营之中的方法。虽然坚持这四点并不容易，但在削减成本上的效果确实是毋庸置疑的。

不要自己积攒事业资金，让他人出资

来找我咨询创业经验的年轻人和学生中，有人打算"靠打工攒够 500 万日元之后就创业"。

我对此给出的建议是"如果有打工的时间，不如用来制订事业计划"。

因为在你攒钱的时候，自己想到的事业创意就有可能被其他人抢先一步商业化。在你打工的时候，市场的环境也在不断地变化，你制订的事业计划可能会跟不上时代。

所以，一旦有创业的念头就要尽快开始行动。

听我这么说，很多人的反应都是"但是我没有启动资金，怎么创业呢"。在当今时代，只要你有足够吸引人的创意和事业计划，自然能够得到资金。

最近，越来越多的风险投资基金愿意在事业计划阶段就进行投资。面向个人创业者的天使投资人也越来越多。

还有像日本政策金融公库的"新创业融资制度"那样，为创业者提供无担保融资的公共制度。也就是说，只要你有优秀的事业计划，自然有人来为你投资。

反之，如果你提出了事业计划却没有得到投资，则说明你的事业计划不够吸引人，还需要继续进行调整。

■ 不要自己积攒启动资金

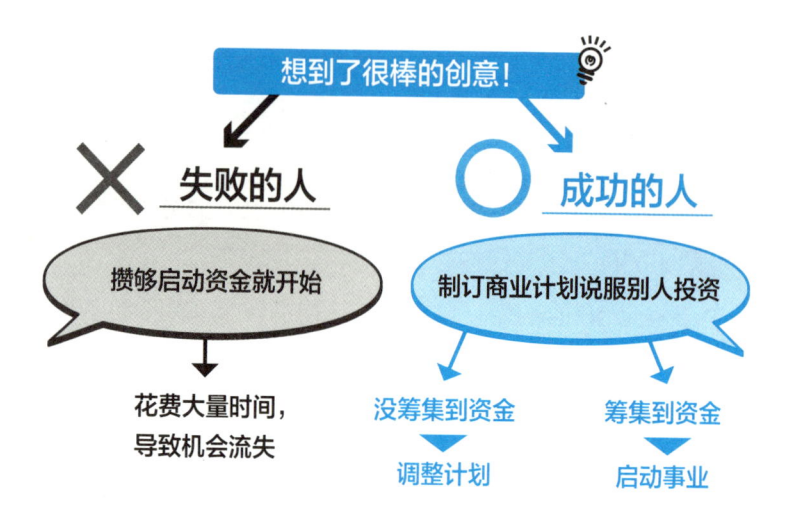

```
                    想到了很棒的创意！
        ↓                            ↓
    ✗ 失败的人                    ○ 成功的人
    
    攒够启动资金就开始          制订商业计划说服别人投资
           ↓                    ↓              ↓
      花费大量时间，         没筹集到资金    筹集到资金
      导致机会流失               ↓              ↓
                            调整计划        启动事业
```

如果自己没有资金，就用智慧来换取资金。这是孙社长的一贯做法。

孙社长从不用自己的资金启动事业。软银的一亿日元启动资金是他将自己发明的便携翻译机卖给夏普换来的。而且这款翻译机当时只是试用的样机而已，实际上孙社长卖的只是一个创意（就连样机也是加利福尼亚大学伯克利分校的研究者们制作的。当然，提出创意并说服研究者们制作的人是孙社长）。

为软银带来巨额利润的 NCC-BOX（自动切换电话线路的设备），其实是软银和一家叫作 FORVAL 的公司共同开发的。软银将这款设备免费配备给日本的中小企业，通过特许授权从株式会社新电电手中获得了巨额的利润。

但孙社长只是提出了一个开发的创意，实际投入人力、物力在日本进行推广的是 FORVAL。也就是说，孙社长没有承担任何成本，在几乎没有风险的前提下就得到了巨额的回报。

2017 年，软银与沙特阿拉伯的政府基金共同成立了一个规模高达 10 万亿日元的庞大基金，引发了世人的关注，但这个基金其实并不是软银全额出资。沙特阿拉伯和阿拉伯联合酋长国的政府基金、美国的苹果和高通、中国台湾的鸿海精密工业等都投入了不少资金。

可以说"不用自己的资金也能够开创事业"的思考方法，从孙社长在 20 多岁成立软银的时候开始就一直没有发生过改变。

"夏天卖皮草"的店铺也有优秀的风险管理

前面提到的方法，适用于绝大多数企业的商业活动。

只要有智慧，就可以不花一分钱使事业得到发展。

比如下面这个事例就是最好的证明。

在东京，有一家叫作自由之丘毛皮工房石井的店铺。

有一年夏天我在逛街时偶然见到这家店铺，发现店里商品的价格比市场价格便宜许多，于是我就问店主"这个价格能赚到钱吗"，对方将其中的秘密告诉了我。

这家店现在并不是直接销售商品，而是预售。店内的商品都是样品，顾客如果看中了哪件商品，需要先支付一半金额作为定金，然后在冬季付清尾款拿到商品。

虽然只有一半金额，但店主也因此获得了不少现金流，用这笔钱来采购商品就能极大地降低风险。而且因为"预定多的商品等于今年的畅销商品"，店主在向海外发送订单的时候就会更有选择性。这种销售方法除了能够预判当年的流行趋势之外，还有避免库存积压的好处。

而且采购的畅销商品到冬季的时候就算以预售价格的三倍也一样能够卖得出去，可以使店家赚到更多的利润。

听了店主的话，我深刻地意识到这就是风险管理的最佳范例。

不花费成本进行小规模的尝试，根据尝试的结果将有限的资金投入到成功率最高的选项之中。这个店主的做法与软银达成目标的流程如出一辙，都是在最小化风险的同时取得最大的回报。

由此可见，即便只是个人经营的小公司，只要充分地发挥自己的聪明才智，也一样能够不花费金钱就取得巨大的成功。在当今时代，认为"没有钱就什么也做不成"，完全是一种借口罢了。

不必从零开始自己思考事业创意

"虽说可以用智慧来换取资金,但我又不像孙社长那样有发明的才能……"

或许有人会这样想吧。

但不必气馁。因为不必从零开始自己思考事业创意。

借鉴别人的成功模式也是可以的。

孙社长也是借助别人的智慧想出自己的创意。

在成立软银之前,孙社长在美国留学时就成立了一家软件开发公司。公司的主营业务是将在日本非常流行的一体式游戏机拿到美国销售。因为这种游戏机在日本的热度正在逐渐下降,所以能够以非常低廉的价格采购到货源。这就是将在日本已经取得成功的商业模式转移到美国的事业展开方法。

曾经在某个市场取得过成功的商业模式,在其他市场取得成功的概率也很高。至少与从零开始思考的商业模式相比,沿用成功商业模式的风险更小。

软银的经营模式经常被人称为"时间机器"。

不管是雅虎还是iPhone,软银都证明了"在海外取得成功的、最先进的商业模式,在日本也能取得成功"。

从这个意义上来说,进口一体式游戏机在美国销售,也属于

"时间机器"式的经营模式。而在那之后，孙社长也一直坚持着"借鉴成功模式"的做法。

20世纪90年代，软银连续与美国的IT企业合作开展事业，这些企业的总市值加起来超过3000亿日元。

因为孙社长认为与已经取得成绩的企业合作，比从零开始成立事业能够更准确且更迅速地取得成功。

即便是被称为天才经营者的孙社长，也积极地借助他人的智慧。

所以今后希望开创一番事业的商务人士，请大胆地借鉴已经取得成功的商业模式吧。

坚持搭乘"上行的扶梯"

正如前文所述,孙社长深知"无法准确地预测未来"。

因此,孙社长非常重视收集有助于预测未来的信息。

具体的方法就是找到"信息中枢"。

在这个世界上,存在着所有信息都会集中过来的"点"。

只要让自己站在这个点上,就能够把握所有的信息。

孙社长之所以在 1995 年收购了全世界规模最大的计算机博览会的运营商 COMDEX,就是为了获得信息中枢。

当时软银的年销售额不足 2000 亿日元,却仍然以 800 亿日元的价格进行了收购,这一举动被普遍认为是"有勇无谋"。

但每年全世界都有大量 IT 相关人士前来参与 COMDEX。只要扩展了人脉,就能获得行业内的所有信息。

事实上,孙社长正是通过收购 COMDEX,才结识了包括比尔·盖茨在内的美国 IT 行业的大人物。

2016 年,软银又以 3.3 万亿日元的价格收购了芯片设计巨头 ARM,这应该也是为了获得信息中枢的举措。

芯片生产企业经常要提前两年进行产品开发。而且今后预计将以每年 15% 的速度成长的 IoT(物联网)领域,所有的产品都需要安装芯片零件。

也就是说芯片生产企业知道"两年后的世界是什么样"。

因此，收购在芯片设计领域占据最多市场份额的 ARM，就能够得到预测未来的所有信息。为了让商业活动取得成功，还有比这更有优势的地位吗？从这个角度来考虑的话，3.3 万亿日元的价格，对孙社长来说绝不算贵。

孙社长之所以对"信息中枢"如此执着，是因为他知道必须搭乘"上行的扶梯"才能取得成长。

简单说，就是"只要站在整个行业或领域都在成长的地方，组织和个人就能实现持续成长"。

如果行业整体不断扩大，那么这个行业中的所有企业和个人都很容易实现成长。反之，如果行业整体不断缩小，那么这个行业中的所有企业和个人也难以成长。

这就像是在下行的扶梯上往上走，其难度可想而知。

与之相对的，如果搭乘上行的扶梯，即便自己站着不动，也一样会不断地上升。

要想让事业取得成功，就一定要把握信息中枢，找出"上行的扶梯"。

不管谁胜谁负，都要保证自己赚钱

不过，即便搭上了上行的扶梯，也不能保证所有人都能在竞争中取胜。

要想保持竞争优势,让自己能够一直生存下去应该怎么做呢?

答案是"建立起一个不管谁胜谁负，都能保证自己赚钱的体制"。

具体来说，就是以创建商业活动的平台为目标。

美国的苹果公司可谓是这一方面的佼佼者。

苹果以自己的 iOS 为基础，构筑起了播放音乐、影像的 iTunes 和提供应用程序下载的 App Store 等平台。

苹果只是开发了一个提供影音内容和应用程序的"场所"。而影音内容和应用程序都是由外部企业和个人制作的。

应用程序有畅销的，也有无人问津的，但个别应用程序的成功与失败，对苹果的商业模式没有任何影响。只要有人使用苹果的平台，苹果就能够持续获得利润。

也就是说，平台的构筑者永远立于不败之地。

孙社长之所以不进军游戏事业的原因就在于此。以前我曾经问过孙社长"为什么不成立游戏公司"，他这样回答道："游戏的不确定性太高。制作一款游戏要花费好几年的时间，但卖不出去的游戏就是卖不出去。对于这种起伏不定的事业最好不要参与，只做那些一旦成功就能将优势持续保持下去的平台商业模式。"

软银一直如孙社长所说，坚持创建平台化的商业模式。

虽然软银在创业初期选择了软件销售，但主要以批发为主，所以不会受个别软件的销量情况影响。

进军移动通信事业和ADSL事业时，软银也作为基础设施供应商，不管手机和电脑用户使用什么内容，软银的利润都会提高。不管手机游戏是大热还是暴死，都不会对平台提供方软银的商业活动造成直接的影响。

从风险管理的角度来看，这与分散投资有同样的效果。

在股票投资领域流传着这样一句话，"不要将鸡蛋都放在同一个篮子里"。如果都放在同一个篮子里，一旦篮子不小心掉在地上，所有的鸡蛋都有摔碎的风险。而将鸡蛋放在不同的篮子里，即便个别的篮子掉在地上，放在其他篮子里的鸡蛋也不会受到影响。

如果成立游戏公司，每次开发游戏都要承担100%失败的风险。但作为平台的提供者，随着平台中的内容越来越多，根据大数法则（尝试的次数越多，实际发生的概率就越接近理论值），能够将失败的风险控制在一定的比率之下。

比如掷骰子时只要出现"1"就算胜利的游戏，如果只掷一两个次的话，可能一次"1"也掷不出来，胜率为零。但如果掷一百万次的话，胜率就会非常接近六分之一。由此可见，孙社长不成立游戏公司，也是为了避免满盘皆输的风险。

想要实际上构建起平台化的商业模式并不容易,但在成立新事业的时候,务必要牢记分散投资的概念。

在轮盘的每一个数字上都下注

分散投资的理论如果用赌场来打比方的话,孙社长的做法就相当于"在轮盘的每一个数字上都下注"。

只要在每个数字上都下注,那么肯定会有一个中标,从而避免满盘皆输的风险。

但赌场里之所以没有全部下注的人,是因为轮盘上的数字太多,而庄家会得到绝大多数的收益。所以全部下注对参与者来说没有任何意义。

而商业活动和赌场有一个决定性的差异,那就是在"上行扶梯"的领域全部下注,就能够获得与"市场成长率"相应的利润。比如根据日本总务省的估算,IoT 领域直到 2021 年之前都将维持每年 15% 的增长速度。因此,如果在所有与 IoT 相关的商业活动上投资,根据大数法则,每年都能赚到 15% 的利润。

孙社长收购 ARM 就是为了把握"IoT 领域中可能盈利的事业和企业都有哪些"这一信息。现在软银正在积极地投资这些企业,打算全部下注。

不只 IoT 领域,孙社长还表示"将投资 1000 家以上人工智能的相关企业"。总投资额大概在 100 万亿日元以上。

"在搭乘上行扶梯的成长领域里全部下注",就是孙社长的取胜之道。

尝试与尚未进军日本的亚马逊展开合作

20 世纪 90 年代,孙社长提出"与美国所有总市值在 3000 亿日元以上的 IT 企业开展合作"。

在亚马逊尚未进军日本市场的时候,软银就尝试与对方展开合作。我陪同孙社长亲自前往美国,与对方谈判。

孙社长第一时间发现"这家公司一定会飞速发展",并且积极地想要说服亚马逊的 CEO 杰夫·贝佐斯同意合作。

虽然最终双方并没能达成一致,不过从这件事也可以看出孙社长对全部下注的态度有多么认真。

孙社长一直将"无法预测未来"作为行动的前提。

实际上,就连孙社长本人也曾经出现过许多失败。

将软银开展的商业活动全都算上的话,能称得上"特别成功"的项目,大概只有"千分之三"。

这个数字基本上就是商业活动领域成功率的平均值。正因为非常清楚这个现实,孙社长才尽可能地在更多的选项上下注。

如果是普通的经营者,取得了像孙社长那样的成绩,恐怕会觉得"我在 IT 行业非常有眼光,应该根据自己的直觉来筛选投资对象"。

但孙社长的态度却是,"我不知道谁会成功,所以给所有人投资,然后让他们自己去发展,不管谁胜谁负都没关系"。孙社长在身为经营者的同时,还拥有投资者的冷静头脑,总是将分散风险作为首选。

"只出资金,不管经营"是孙社长的基本态度

虽然只要在所有的数字上下注就肯定能赌中,但手上的赌本并不是无限的。

所以尽量降低下注的成本,也是风险管理的方法之一。

如果与多家企业合资成立新事业,就可以通过交涉降低自己的出资比率。

事实上,在软银集团旗下,很多企业软银的出资比率只有20%~30%。如果能够尽可能地压低对一家企业的投资额,就能给更多的企业投资。

日本的大型企业在进行投资时,大多希望能够持有51%的股份。因为这样一来自己就可以作为控股股东对投资对象的经营进行干涉。大企业通过投资控股强行控制投资对象的事例也十分常见。

但孙社长采取的方法却完全相反。

正如前文中提到过的那样,孙社长的基本态度是"自己只进行投资,让投资对象自己发展"。

孙社长从不会为了控制投资对象而提高投资比率。

因为他非常重视企业的多样性。

如果软银集团旗下的所有企业都按照孙社长的要求采取行动，就会失去多样性。

正因为企业拥有不同的方针和企业文化，所以商业活动可能有成功也有失败，但如果所有的企业都按照同样的方法经营，那么可能所有的商业活动都会失败。这样分散投资岂不是失去了意义。

可能很多人都觉得孙社长是"什么事都要听我的"的那种唯我独尊型的领导者，但实际上并非如此。

孙社长的目标只有一个，那就是"如何让软银集团持续取得成长"。而对控制和名誉的追求，在孙社长看来完全对达成目标没有任何帮助，反而是一种阻碍。

首先要考虑"痛觉等级"

我作为顾问,审阅过许多大企业的新事业计划,以及有志于创业的年轻人的商业活动创意,但坦白说,其中绝大多数让我一看就觉得"恐怕会失败"。

这些失败的计划都有一个共同点。那就是"痛觉等级"太低。

商业活动中的"痛觉等级",可以理解为表示"顾客对商品和服务需求度"的数值。

假设你有一颗虫牙。

牙疼让你夜不能寐,于是你第二天一大早就赶到牙科诊所对医生说:"不管花多少钱都没关系,尽快把我的虫牙拔掉。"

这就是"痛觉等级10"。也就是"不管需要付出多少金额,都一定要购买这款商品和服务"的状态。

当我对制订新事业计划的人说明上述定义,并询问"你觉得你的计划,痛觉等级有多少"的时候,绝大多数的人给出的回答都是"在3级左右"。

最近有不少人以"解决社会课题"为目标开始创业,但成功的人少之又少。

虽然解决课题的方针没有错,但如果只停留在"有了锦上添花,没有也无所谓"的程度上,这样的商业活动很难持续下去。

从获得第一个顾客开始

对于新事业来说，是否能够获得"第一个顾客"，是决定成功与否的关键。

在新事业没有取得任何成绩和知名度的时候，如果有第一个顾客说"这个我一定会买"，那就说明在他之后还有许多潜在的顾客。

因此，在制订新事业计划的时候，找出痛觉等级 10 的人是最有效的方法。

我之所以产生出开展 TORAIZ 事业的想法，就是因为我遇到了一个"痛觉等级 10"的人。

我根据自己学习英语的经验出版了《一年精通英语》之后，某大企业的部长拿着这本书来找到我说："我英语水平很差，但因为工作的关系总是要与外国人联系，而且我周围的人不管是上司、部下还是客户都会说英语。继续这样下去我恐怕在公司里难以立足，请你按照这本书上的方法教我学英语吧！"

这种让顾客自己找上门来的状态，就是痛觉等级 10。不管我提出收取多少学费，这位部长肯定都愿意支付。

从这次的事件之后，我就开始着手开展"一年之内精通英语"的 TORAIZ 英语培训项目。

得益于第一位顾客提出的课题和烦恼，我才能把握在这一领域痛觉等级 10 的人都有哪些需求，并制订相应的事业计划。

在事业正式开始之后，与这位部长有同样烦恼的人接踵而至。TORAIZ 之所以能够在事业开展之后极短的时间内就取得巨大的发展，找出第一位痛觉等级 10 的顾客可以说是非常重要。

与独自一人思考事业计划相比，找出第一位顾客，并听取对方的需求，是更为有效的方法。

我在独立之后首先开展的创业活动是在线教育，当时我也是从把握客户需求开始的。

因为我认识一位面向网吧批发软件的社长，于是我就问他："您觉得能说服网吧使用在线教育的软件吗？"

这位社长回答说："我觉得教育领域的商品也能卖得出去。"于是我就和他共同出资成立了一家公司，共同开展商业活动。

只要是有需求的商品就一定能卖得出去，而且我还能借用这位社长的流通网络和销售渠道，所以几乎不需要承担任何风险。

我建议大家在计划成立新事业的时候，不要急着制订商业计划，而是先找最有可能成为客户的目标群体进行咨询，把握客户的需求。

一味地纸上谈兵，不但无法找到痛觉等级 10 的顾客，也难以准确地把握自己的事业计划究竟能够达到什么等级。

要想将自己的创意提升为痛觉等级更高的事业计划，向对市场和用户有深入了解的人进行咨询非常有效。

以被大企业采用为前提的 B2B 商业活动要尤其注意

还有一个经常导致新事业计划失败的原因。

那就是以被大企业采用为前提。

尤其是对于创业不久的小公司和刚成立的新事业团队来说，如果一开始就将目标瞄准大企业，以面向法人的商业活动为主，具有非常高的危险性。因为这样很容易被大企业玩弄于股掌之中，使自身承担巨大的风险。

比如拥有优秀技术实力的初创企业前往大企业推销自己的产品和服务，对方负责接待的人员会说："是否采用得等上层领导讨论之后才能决定，在这段期间您可以给我们的员工讲解一下这项技术的内容，让他们学习一下吗？"当然，讲解是没有报酬的。

对于初创企业来说，因为希望能够和大企业签订合同，所以肯定会答应对方的要求，但不管去讲解多少次，大企业都迟迟不肯签订合同。而且每次去讲解时，对方都会提出"这部分请再详细介绍一下""如果出现了这种问题应该怎么办"之类的问题。

结果就是初创企业白白浪费了时间和精力，也没能与对方签订合同，当然也赚不到一分钱，手头的资金越来越少。

但这还不是最糟糕的情况，有的大企业甚至会偷偷地利用初

■ 不要独自一人思考事业计划

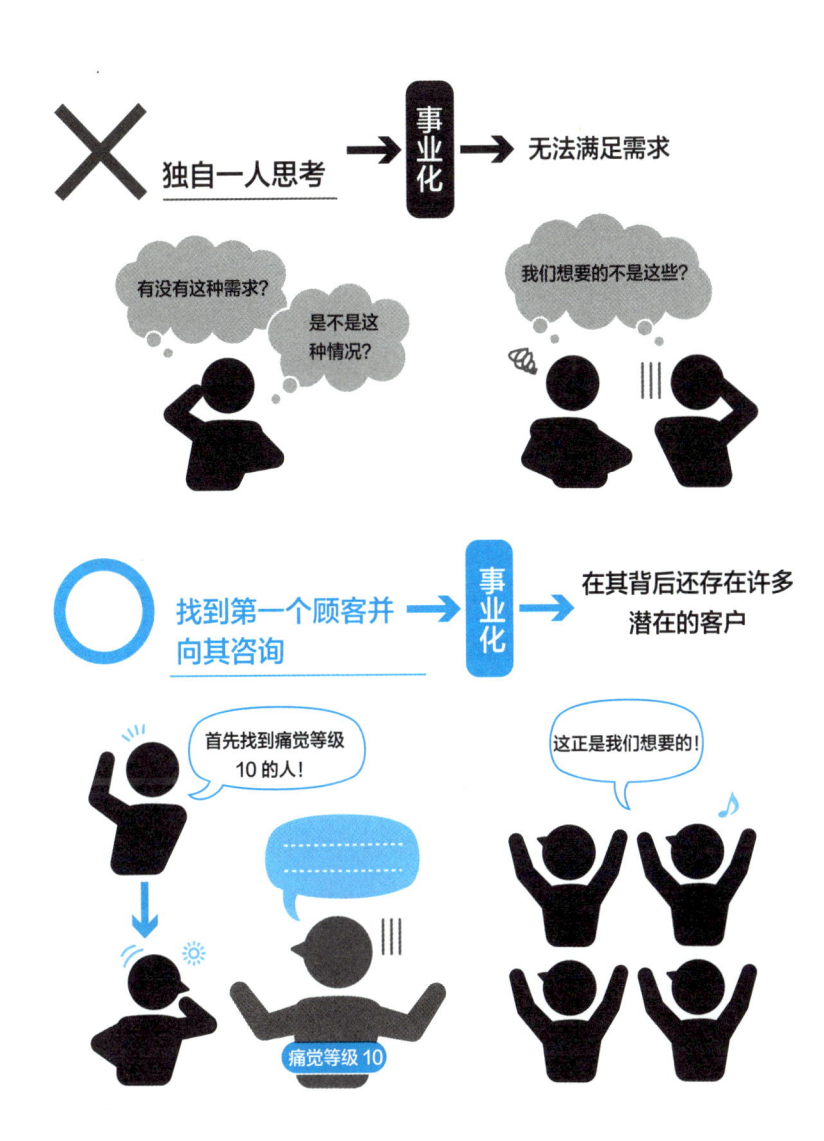

独自一人思考 → 事业化 → 无法满足需求

有没有这种需求？
是不是这种情况？

我们想要的不是这些？

找到第一个顾客并向其咨询 → 事业化 → 在其背后还存在许多潜在的客户

首先找到痛觉等级 10 的人！

痛觉等级 10

这正是我们想要的！

第六章 孙社长"成立新事业项目"的方法

创企业提出的创意,自己开发相应的服务。

或许有人不相信会有那么过分的行为,但类似的情况实在是十分常见。

即便没有达到那种地步,但面对大企业时,初创企业和小规模的团队都不得不被迫接受对方提出的不利条件。

我的公司有时候也会面向法人提供培训服务,但等待对方决定是否与我们签订合同往往要花费几个月的时间,而就算对方选择了我们,付款日期也往往要往后拖延几个月甚至一年的时间。

在这段期间,企业还要持续为对方提供服务,就要支付额外的人工成本。而且现金流的周转周期越长,对公司的资金周转也会造成严重的影响。

这对刚成立不久的企业和组织来说风险极大。

因此,我建议大家在创业初期应该尽可能将顾客群体锁定为普通的消费者。即便基本计划是面向法人顾客,也应该同时思考是否可以开展 B2C 的业务。

我的公司也是最近才开展面向法人顾客的业务。

首先通过面向个人的英语学习事业创造出成绩,并为经营打下坚实的基础,有余力之后再开展 B2B 业务。如果我从一开始就将业务中心放在 B2B 上,想像现在这么快实现盈利恐怕非常困难。

希望大家牢记,以被大企业采用为前提制订的事业计划,具有巨大的风险。

很多商业计划都没考虑"获客成本"

大企业的新事业计划也有失败的时候。

绝大多数都是因为没有考虑获得顾客的成本。

不管怎样的事业内容,要想获得顾客都要花费金钱。

即便是推出新的应用程序和网站服务,每获得一个顾客都要花费数百日元到几千日元不等的成本。

但在大企业中工作的人往往会忽视这个问题。

因为大企业能够调动的资源也很多,所以员工普遍认为"只要先将业务大规模展开就一定能有办法",结果在事业计划中没有考虑获客的成本问题。

然而,获客成本恰恰是决定事业成长的关键。

广告费、促销优惠、给销售代理店返点折扣……在这些上面投入的资金越多,商业活动扩大的速度越快。

如果除了追求新事物和新信息的人之外,还想让普通的消费者也成为自己的顾客,那就必须在获客成本上投入更多的资金。

从今往后,如何提高生命周期总价值(LTV,life time value)将决定商业活动的成败。随着人口数量的减少,消费者的绝对数量也在不断减少,因此商品和服务不能只考虑一次性销售,还要考虑如何从每一位顾客那里持续获得收益。

从这个意义上来说，也应该从更长远的角度来思考获客成本。

不能一刀切式地规定"广告宣传费和促销费必须在应用程序单体销售额的 15% 以下"，而是应该以追求生命周期总价值最大化为目标设定获客成本。

比如现在有两个服务内容，每个月的服务费都是 3000 日元。

一个用户的平均使用时间为两年，那么每一位顾客的 LTV 就是 72000 日元。另一个用户的平均使用时间不到一个月，LTV 只有 3000 日元。

因为这两者的 LTV 相差 24 倍，所以对两者投入同样的获客成本显然是不合适的。不管是宣传费还是促销费，都应该在前者上投入更多的金额。

新事业因为还没有取得成绩，所以预测 LTV 可能比较困难，但可以参考同行业其他公司的事例和数据进行推测，比如"这个种类的应用程序，用户大约会付费使用多长时间"。

关于如何分配获客成本的"LTV 分析"方法，请参考拙著《"数值化"工作术》，里面有详细的解说，对大家制订新事业计划一定能够起到帮助。

是否能够实现"定期付费模式"

"定期付费模式"作为能够使 LTV 最大化的商业模式，目前得到了广泛的关注。

这种商业模式以前主要被某些特定的领域采用，普遍为"按月付费"和"按年付费"的形式。

但近来越来越多的商业领域都开始采用这种模式。

餐饮业就是其中之一。

一直以来餐饮业都是"一杯咖啡多少钱""一碗拉面多少钱"的"一次性消费"商业模式。但现在就连拉面店都推出了"每个月存 8600 日元，就可以每天任选一份拉面"的定期付费服务。

咖啡厅和居酒屋也推出了"包月付费，咖啡和酒水无限畅饮"的服务。这样可以使顾客成为自己的长期顾客，提高 LTV 的同时还能降低获客成本。

如果是一次性消费模式的话，每次接待顾客都要花费获客成本。而定期付费模式可以使顾客长期化，这样在后续接待同一位顾客时就不必再花费获客成本。这对于实现商业活动的长期成长非常有利。

在制订新事业计划的时候如果能够考虑到获客成本的因素，或许就能想出像定期付费模式这样具有极大成本优势的商业活动了吧。

不要做"一锤子买卖"

孙社长从创业之初就一直追求生命周期总价值。

他的口头禅是"细水长流的商业活动是最好的"。

也就是说,要想让公司取得成长,就要做能够持续取得收益的商业活动。软银之所以进军移动通信事业,就是因为孙社长认为这是一个能够不断提高生命周期总价值的商业领域。

手机话费要按月缴纳,所以这种生意不是一锤子买卖。绝大多数的用户至少会使用2年,甚至还有很多用户坚持使用4年、6年以上。而且手机已经成为当今时代的生活必需品。

家庭支出中通信费的比例也在不断提升,2003年家庭消费支出中"手机话费"的平均值为59264日元,而到了2016年这个数字是96306日元,增加了1.6倍。

由此可见,移动通信事业是完全符合孙社长所说的"细水长流"的商业活动。

即便同为与手机相关的商业活动,销售手机终端的代理店就无法产生生命周期总价值。手机商店在卖出手机之后,商业活动就结束了。手机商店必须不断地寻找新顾客、不断地出售手机。

而且在最极端的情况下,如果生产手机的企业撤出市场,代理店就会失去货源,导致商业活动无法继续下去。

与之相对的，软银提供的是通信运营服务，不受手机销量的影响，只要有顾客使用通信服务，软银就能持续获得收益。这也正是平台商业模式的强大之处。

不做一锤子买卖。

正因为遵循了这条规则，软银才能实现这么大的成长。

"海纳百川"的状态最为理想

开展拥有极高生命周期总价值的事业,并取得迅速成长之后,接下来应该以什么为目标呢?

孙社长的目标是成为"大海"。让事业状态如同没有竞争的风平浪静的"大海",就是最终的目标。

孙社长将自己的经营哲学总结为"孙氏平方兵法"。这是以"孙子兵法"为基础,再加上孙社长自创的"五字 × 五行 = 二十五字"综合而成的哲学。在二十五字之中,有一行就是"风林火山海"。

"风林火山"大家应该都听说过,意思是"其疾如风,其徐如林,侵略如火,不动如山"。孙社长在后面又加了一个"海"。

也就是说,在与其他企业的竞争中取得胜利,并确立了牢固的地位之后,就可以在没有竞争的市场中轻松地开展商业活动了。

在移动通信领域,现在日本市场由 DOCOMO、au 以及软银三分天下。虽然乐天也打算进来分一杯羹,但恐怕会因为迟来一步而陷入苦战吧。

2013 年软银收购了通信事业公司 eAccess。而 eAccess 旗下的 eMobile 后来发展成为众所周知的软银移动通信事业的核心业务"Y!mobile"。

但实际上当时乐天也想收购 eAccess。如果乐天在那个时候就进军移动通信事业的话，或许会比现在拥有更大的优势。

但现在日本的移动通信市场已经成为"海"的状态。早就在移动通信领域扬名立万、掌控了一片风平浪静海域的孙社长，又开始向 IoT 和人工智能等领域进军。今后，孙社长或许还会在许多领域成为"不战而胜"的常胜将军吧。

结语：为了让日本成为"项目大国"

在如今的日本企业之中，项目经理是最吃力不讨好的工作

本书介绍的"项目管理工作术"，是我在担任企业顾问和进行演讲时经常提到的内容。

但每当我提起这个话题，对方的反应大多是"在我们公司，没有人愿意当项目经理"。

正如我在第一章中提到过的那样，日本的商务人士不管能力还是工作积极性都不低。之所以会出现"没人愿意当项目经理"的情况，是因为在绝大多数的日本企业之中，项目经理是最吃力不讨好的工作。

没有权限，却要承担责任，这样的工作当然没有人愿意去做。

但要是这样下去，日本的企业和组织都无法取得成长。

如今，日本需要的是"先锋企鹅"。

所谓"先锋企鹅"，指的是敢于第一个冲进危险的大海之中的企鹅。

大海中可能存在海豹等企鹅的天敌，但企鹅如果不跳进海中

就无法获得食物，所以必须有一只企鹅敢于第一个冲进大海。在商业领域，能够不畏风险，率先进行挑战的人就是"先锋企鹅"。

但在绝大多数的情况下，先锋企鹅都会被海豹等天敌捕食。换成商业活动的现场，就是敢于开拓新事业的人，大多都以失败告终。

关键的问题在于，敢于第一个冲下海的先锋企鹅本应得到英雄般的待遇，可在绝大多数的日本企业之中，一旦失败的次数太多就会被其他人敬而远之。

敢于第一个跳进大海的人往往得不到任何回报。

就算先锋企鹅幸运地取得了成功，结果却是一群想要坐享其成的人蜂拥而至，甚至还有人提出"这个事业其实是我想出来的"，企图窃取胜利的果实。

顺带一提，我在三菱地所工作时，为了将当时闲置的丸之内地区利用起来，向社长主动提出开展"丸之内激活项目"，但当时公司内部却出现了"如此肤浅的创意，与我们这种拥有悠久历史的不动产公司根本不相符"的声音。

而当这个项目取得成功之后，"丸之内激活项目"却成为三菱地所的企业战略。如今丸之内已经成为非常繁荣的商业街，甚至成为海外 MBA 学生纷纷前来考察的成功项目。

虽然能够为三菱地所做出应有的贡献让我感到非常高兴，但同时也让我深刻地认识到项目经理的工作确实非常吃力不讨好。

既然日本企业的文化无法轻易改变，那应该怎么办呢？

即便如此，我们也不能坐以待毙。

如果没有人愿意担任项目经理，不启动能够创造新价值的项目，那么许多日本企业甚至日本经济都会死气沉沉。

为了避免出现这种情况，必须建立起不让先锋企鹅受损的组织制度。

或者经营者和高层干部自己成为先锋企鹅。

软银每次都是孙社长提出项目创意并启动项目，所以项目经理不会单独承担先锋企鹅的责任。

从这个意义上来说，我能够在孙社长手下担任项目经理实在是非常幸运。

至少我只要提交了项目章程并得到批准，就算项目失败，也是身为项目负责人的孙社长来承担，使我得以避免项目失败后自己承担全部责任的风险。

但要想改变日本的组织绝非易事。

尤其是如今日本也导入了欧美式的成果主义，对个人也以单独年度和半年的短期业绩为基础进行非常严格的评价。

结果就是所有人都因为害怕失败而变得缩手缩脚。

虽然日本曾经的年功序列制和终身雇佣制遭到了很多批判（我个人也并不支持），但现在看来这种制度也具有对风险比较宽容的优点。

成为管理层的人，都是工作几十年，在组织内部积累了极强信誉的人。他们相信就算自己失败一两次，积累下来的信誉也不会崩塌。所以他们敢对部下说"不管出了什么问题都由我来承担责任，你就放心大胆地去干吧"。

但现在，部下如果有一个季度的业绩没达标，就会非常担心"上司对我的评价肯定会下降，搞不好我还会被降职"。

在这种状态下，不管是个人还是团队，都难以大胆地尝试新的挑战。

既然组织无法轻易改变，那我们应该怎么办呢？

难道只能眼睁睁地看着自己的公司就这么衰退下去吗？还是说只能离开公司，自己独立创业呢？

不，还有第三个选择。

那就是"将项目经理的风险降到最低，不断地进行小规模的尝试"。

将个人的风险降到最低，不断地进行小规模的尝试

在做出第三种选择之前，需要进行一些准备。

那就是为了尽可能地降低自己身为项目经理的风险，要增加公司之外的现金流。

可以做一些副业，也可以进行一些投资。

通过加强英语能力和考取资格证书来提高自己的市场价值，做好"一旦在这个公司里无路可退，也能跳槽到其他公司"的准备。

或者选择虽然比现在收入更少，但幸福感更高的人生也不错。

比如在东京如果没有钱的话可能难以生活下去，但在其他小城市的话，生活成本就低得多。本身就是外地出身的人还可以返回老家，与昔日的朋友和家人一起享受人生。

不管怎样，请一定要从"如果失败就无路可退"的状况中摆脱出来。

在将个人的风险降到最低的同时，还要在公司内部不断地进行小规模的尝试。

只要开动脑筋，你就会发现在自己的职权范围内，有很多可以尝试的挑战。

如果上头突然投入大笔的资金，反而会让自己承担更多的风险，所以首先从不需要太多投资的挑战开始。

关于具体的方法，本书中已经介绍得很详细了。

在制订事业计划之前先找顾客咨询，然后通过小规模的尝试来得出结果——这样就算没有预算和权限，也一样能够积累项目管理的经验。

"只要是有机会的项目就尽可能多地去做"，这就是软银达成目标的方法，大家也可以自己来尝试一下。

如果你觉得自己"想不出那么多创意"，不妨试试"创意组合"。

这是将可能成为创意的关键词写在纸条上，然后适当进行排列组合的方法。

孙社长发明的便携式自动翻译机就是将"便携""自动化""翻

译"这几个现有的关键词进行排列组合后产生的创意。

如果一个单独的创意已经存在,那么将两个或者三个创意组合在一起,就能产生出新的创意。

只要是感觉"这个或许能行"的创意,就大胆地去尝试。

这非常重要。

如果有人说"这么小规模的新事业做了也毫无意义"怎么办?

如果"从风险最小的项目开始",可能会有人觉得"像我们公司这样的大企业,做那么小规模的新事业毫无意义"。

事实上在大企业之中,确实存在因为"我们只做1000亿日元以上的大项目"等理由而将新事业提案驳回的情况。

但高层领导却总是说"不想承担风险(所以要将初期投资控制在最小额度)",这在逻辑上显然是存在矛盾的。

虽然努力将风险最小化很有必要,但不想承担风险只想获得回报是不可能的。

虽然在不批准小规模事业的企业中要想进行小规模的尝试非常困难,但仍然有一些办法。

比如"最初尝试的事业计划虽然规模比较小,但只要取得成功,在此基础上就可以开展规模更大的事业计划",这样的提案就容易得到经营层的认可。

孙社长就是通过这样的方法,白手起家建立起了价值10万亿日元的商业帝国。

软银首先通过进军 ADSL 事业获得 500 万用户，然后以此为基础收购了日本电信。通过在电话事业上积累的经验、人才和品牌知名度，从金融机构筹集到巨额的资金收购了沃达丰。终于成功进军了移动通信事业。

这对于没有进军通信事业之前的软银来说，绝对是完全无法实现的巨大成功。

由此可见，只要不断地进行小规模的尝试，最终也能够取得大规模的成功。

日本是开展新事业和创业非常容易取得成功的国家

在前文中，我一直都在讲日本的组织和环境对项目经理如何严峻。

但在本书的最后，我想用能够让广大商务人士打起精神来的积极内容来收尾。

或许有不少人都觉得，"如果自己身处在像美国硅谷那样的地方，一定能开创出具有发展前景的新事业"。

但实际上，要想在美国取得成功更加困难。

因为全世界有志于创业的人都集中在那里，所以竞争也异常激烈，要想在这种世界顶级的竞争环境中生存下来简直难比登天。

以篮球为例，美国的 NBA（美国职业篮球联赛）是篮球的顶级赛事。日本的顶级选手进入 NBA 之后，其成绩往往会出现下滑，这就是因为竞争环境太强所导致的。而 NBA 的优秀球员离开美国不管前往哪个国家的篮球联赛，都能发挥出惊人的实力。

将上述例子换成商业活动，可以理解为，"在美国取得成功的商业模式，搬到日本之后一定也会成功"。孙社长也是将在美国大获成功的雅虎和 iPhone 搬到了日本市场，取得了巨大的成功。只要能够充分利用美国的成功模式，就能提高自己的成功率。

而且日本有志于创业的人没那么多，不必担心"商业模式遭到模仿，客户被抢走"的问题。接下来只要按照本书介绍的"项目管理工作术"让项目顺利地运转起来，就一定能够实现目标。

由此可见，"日本其实是开展新事业和创业非常容易取得成功的国家"。

虽然现在看衰日本未来的言论甚嚣尘上，但只要换一个视角来看，就能以更加积极的态度面对每天的工作。

而且我相信，"项目管理工作术"也一定能够帮助大家积极地面对工作。

希望通过本书，能够让更多的人愿意承担项目经理的工作，并且更加高效且有创造性地完成工作。

三木雄信

二〇一八年七月